Langenscheidt Verbtabellen
Italienisch

Von Elke Spitznagel

Langenscheidt
München · Wien

Impressum

Herausgegeben von der Langenscheidt-Redaktion
Lektorat: Manuela Beisswenger
Muttersprachliches Lektorat: Dott.ssa Laura Marini
Layout: Ute Weber
Umschlaggestaltung: KW43 BRANDDESIGN

Laden Sie sich auf www.langenscheidt.de/verbtabellen mit dem Code vi985 kostenlos die E-Book-Ausgabe und Ihren Konjugationstrainer herunter.

Systemvoraussetzungen:
Windows XP/Vista/7/8, WSVGA-Grafikkarte, Soundkarte, Mikrofon/Lautsprecher, Internetbrowser (IE, Firefox)

www.langenscheidt.de

© 2013 by Langenscheidt GmbH & Co. KG, München
Satz: kaltner verlagsmedien GmbH, Bobingen
Druck und Bindung: Druckerei C. H. Beck, Nördlingen

ISBN 978-3-468-34185-4

Benutzerhinweise

Mit den besonders übersichtlichen und benutzerfreundlichen Langenscheidt Verbtabellen Italienisch bekommen Sie einen guten Überblick über die wichtigsten Verben, ihre Grammatik und die unterschiedlichen Konjugationsmuster. Mit dem Konjugationstrainer zum Downloaden (Zugangscode im Impressum auf S. 2) können Sie die Verbformen in den verschiedenen Zeiten und Modi trainieren und so in Ihrem Langzeitgedächtnis verankern.

Konjugationstrainer

Der Konjugationstrainer bietet Ihnen vielfältige Übungsmöglichkeiten, damit Sie sich die Konjugationen der wichtigsten italienischen Verben noch besser und schneller einprägen können. Bei sechs verschiedenen Trainingsarten ist für jeden etwas dabei: Sie können die Verbformen entspannt beim Superlearning verinnerlichen, Multiple-Choice-Aufgaben lösen oder sich vom Konjugationstrainer abfragen lassen. Ihr persönlicher Tutor wertet Ihre Erfolge aus und stellt Ihnen ein optimales Programm zusammen. Sie können das Ganze auch spielerisch angehen und die Verbformen mithilfe eines Kreuzworträtsels einüben. Und sollten Sie die Zeit nutzen wollen, die Sie im Zug oder Wartezimmer verbringen, drucken Sie sich einfach Ihre eigenen Karten mit Konjugationen aus.

Konjugationstabellen im Buch

Im Buch werden Ihnen auf 70 Doppelseiten die wichtigsten italienischen Verben und ihre Konjugationsmuster vorgestellt. Auf der linken Seite finden Sie das jeweilige Verb in allen relevanten Zeiten und Modi. ① Hier wird die jeweilige Konjugationsgruppe angezeigt. ② Über die Konjugationsnummer werden Verben (auch diejenigen im Anhang) einem speziellen Konjugationsmuster zugeordnet. ③ Gelegentlich finden Sie hier eine Kurzbeschreibung der wichtigsten Merkmale eines Verbs. ④ Auf den Musterkonjugationsseiten sind die typischen Formen bzw. Endungen in Schwarz fett hervorgehoben. Ausnahmen sind auf den später folgenden Seiten stets blau. Abweichende Schreibweisen werden durch fett gesetzte blaue Buchstaben betont. ⑤ Es werden nur die maskulinen Formen des Partizips angegeben. ⑥ Personalpronomen werden hier nur beim Imperativ aufgeführt.

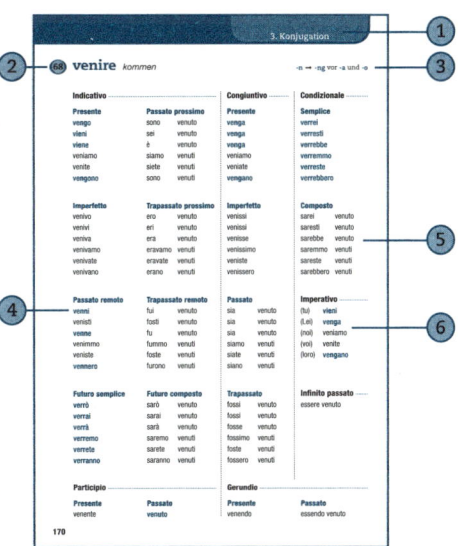

Benutzerhinweise

Infoseiten
Auf der rechten Seite finden Sie zusätzliche Informationen wie Anwendungsbeispiele ⑦ und feste Redewendungen ⑧. Alternativ zu den Redewendungen stehen manchmal auch Sprichwörter oder Witze. Ferner treffen Sie in der Rubrik Ähnliche bzw. Andere Verben ⑨ auf Synonyme und/oder Ableitungen bzw. auf Antonyme. Unter der Rubrik Gebrauch ⑩ finden Sie besondere Hinweise darauf, wie das Verb verwendet wird. Alternativ zeigen wir Ihnen unter der Rubrik Aufgepasst! Besonderheiten und Stolpersteine auf. Gelegentlich finden Sie die Rubrik Tipps & Tricks ⑪, die auf Verben mit dem gleichen Konjugationsmuster oder andere praktische Hilfestellungen verweist.

Tipps & Tricks
Damit Ihnen der Einstieg in die verschiedenen Konjugationsmuster der italienischen Verben leichterfällt, verraten wir Ihnen vorab in einem Extra-Teil ein paar Tipps & Tricks zum Konjugationstraining.

Grammatik rund ums Verb
In der Grammatik rund ums Verb werden in Kurzfassung alle relevanten Grammatikthemen behandelt, die Sie beherrschen sollten, um die italienischen Verben richtig verwenden und konjugieren zu können.

Symbole
Folgende Symbole werden Ihnen in der Grammatik rund ums Verb begegnen:
Unter ⓘ erhalten Sie Informationen zu den speziellen Spracheigenheiten des Italienischen sowie zum landestypischen Sprachgebrauch.
Unter ☼ finden Sie einen Merksatz, den Sie sich gut einprägen sollten.
v➜ Hier wird der Sprachgebrauch im gesprochenen dem geschriebenen Italienischen gegenübergestellt.
⚡ weist Sie auf Stolpersteine hin, damit Sie diese möglichen Fehlerquellen vermeiden können. Hier handelt es sich zumeist um Unterschiede zwischen dem deutschen und dem italienischen Sprachgebrauch.
◐ signalisiert Ihnen, dass es sich hier um eine Ausnahme oder Sonderform handelt, die Sie sich besonders gut merken sollten.
Das Symbol ▷ verweist auf andere Stellen im Buch, die Sie sich bei dieser Gelegenheit ansehen sollten.

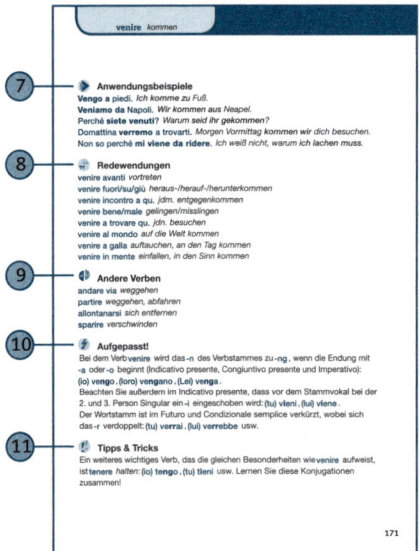

Benutzerhinweise

Niveaustufenangaben gemäß dem Europäischen Referenzrahmen
In der Grammatik rund ums Verb treffen Sie mitunter auch auf folgende Niveaustufenangaben: A1 , A2 , B1 , B2 . Diese verraten Ihnen, welche Grammatikthemen und welche Regeln für Ihr Lernniveau relevant sind. Die Niveaustufen beziehen sich nicht nur auf das jeweilige Grammatikkapitel, sondern auch auf das in den Beispielsätzen verwendete Vokabular. So wissen Sie auch genau, dass Ihnen dieser Wortschatz bekannt sein sollte.
In der Praxis heißt das: Ist ein Grammatikkapitel beispielsweise der Niveaustufe A1 zugeordnet, so sind alle verwendeten Vokabeln A1, es sei denn, sie sind mit einer anderen Niveaustufe, z. B. A2 (direkt vor dem jeweiligen Wort oder Satz), versehen. Alle in diesem Kapitel enthaltenen Grammatikregeln sollten Sie dann beherrschen, es sei denn, eine Niveaustufenangabe am Rand weist Sie darauf hin, dass diese Regel für ein höheres Niveau, z. B. B1 , bestimmt ist.

Hier eine kurze Erläuterung, welche Kenntnisse auf die einzelnen Niveaustufen des Europäischen Referenzrahmens zutreffen:

A1/A2: *Elementare Sprachverwendung*, d. h.
A1 : Sie können einzelne Wörter und ganz einfache Sätze verstehen und formulieren.
A2 : Sie können die Gesprächssituationen des Alltags bewältigen und kurze Texte verstehen oder selbst verfassen.

B1/B2: *Selbstständige Sprachverwendung*, d. h.
B1 : Sie können sich in den Bereichen Alltag, Reise und Beruf schriftlich und mündlich gut verständigen.
B2 : Sie verfügen aktiv über ein großes Repertoire an grammatikalischen Strukturen und Redewendungen und können im Gespräch mit Muttersprachlern bereits stilistische Nuancen erfassen.

C1/C2: *Kompetente Sprachverwendung*, d. h.
C1 : Sie können sich spontan und fließend zu verschiedenen, auch komplexen oder fachspezifischen Sachverhalten äußern und sich schriftlich wie mündlich an die stilistischen Erfordernisse anpassen.
C2 : Sie können mühelos jeder Kommunikationsform in der Fremdsprache folgen und sich daran beteiligen. Dabei verfügen Sie über ein umfassendes Repertoire an Grammatik und Wortschatz und beherrschen verschiedene Stilebenen.

Verben mit Präposition und Alphabetische Verblisten
Am Ende des Buches finden Sie eine Auflistung einiger italienischer Verben, die mit verschiedenen Präpositionen verwendet werden können. Die Alphabetischen Verblisten ermöglichen Ihnen ein schnelles Nachschlagen der Verben sowie eine leichte Zuordnung von über 1000 Verben zu den verschiedenen Konjugationsmustern.

Inhaltsverzeichnis

Benutzerhinweise – Indicazioni per l'uso 3
Abkürzungen – Abbreviazioni 7
Tipps & Tricks zum Konjugationstraining –
Consigli pratici e trucchetti per lo studio delle coniugazioni 8
Terminologie – Terminologia 14

Grammatik rund ums Verb – Grammatica

① Das Verb – Il verbo 15
   1.1   Die Konjugationen – Le coniugazioni 15
   1.2   Die Verben avere und essere – I verbi avere e essere 15
   1.3   Das Modalverb – Il verbo modale 16
   1.4   Das reflexive Verb – Il verbo pronominale 17

② Der Indikativ – L'indicativo 18
   2.1   Das Präsens – Il presente 18
   2.2   Die Vergangenheit – Il passato 19
   2.2.1 Das Imperfekt – L'imperfetto 19
   2.2.2 Das Perfekt – Il passato prossimo 20
   2.2.3 Das historische Perfekt – Il passato remoto 21
   2.2.4 Das Plusquamperfekt – Il trapassato prossimo 22
   2.3   Das Futur – Il futuro 22
   2.3.1 Das Futur I – Il futuro semplice 22
   2.3.2 Das Futur II – Il futuro composto 23
   2.4   Der Konditional – Il condizionale 24
   2.4.1 Der Konditional I – Il condizionale semplice 24
   2.4.2 Der Konditional II – Il condizionale composto 25
   2.4.3 Der Bedingungssatz – Il periodo ipotetico 25

③ Der Konjunktiv – Il congiuntivo 26
   3.1   Der Konjunktiv Präsens – Il congiuntivo presente 26
   3.2   Der Konjunktiv der Vergangenheit – Il congiuntivo passato ... 27

④ Der Imperativ – L'imperativo 30

⑤ Der Infinitiv – L'infinito 31

⑥ Das Partizip – Il participio 33
   6.1   Das Partizip Perfekt – Il participio passato 33
   6.2   Das Partizip Präsens – Il participio presente 34

Abbreviazioni

(7) Das Gerund – Il gerundio 34
(8) Das Passiv – Il passivo 35

Konjugationstabellen und Infoseiten – Tabelle delle coniugazioni e pagine informative

Musterkonjugation **(1)** Hilfsverb essere – Il verbo ausiliare essere 36
Musterkonjugation **(2)** Hilfsverb avere – Il verbo ausiliare avere 38
Musterkonjugation **(3)** Reflexives Verb – Il verbo pronominale 40
Musterkonjugation **(4)** Passiv – Il passivo 42
Musterkonjugation **(5)** 1. Konjugation auf -are – 1ª coniugazione in -are 44
Musterkonjugation **(6)** 2. Konjugation auf -ere – 2ª coniugazione in -ere 46
Musterkonjugation **(7)** 3. Konjugation auf -ire – 3ª coniugazione in -ire 48
Konjugationstabellen mit Infoseiten Konjugationsnummer **(8)** bis **(70)** –
Tabelle delle coniugazioni e pagine informative 50

Verben mit Präposition – Verbi con preposizione 176
Alphabetische Verbliste Italienisch – Deutsch –
Elenco alfabetico dei verbi italiano – tedesco 180
Alphabetische Verbliste Deutsch – Italienisch –
Elenco alfabetico dei verbi tedesco – italiano 186

Abkürzungen

bzw.	beziehungsweise		*Konj.*	Konjunktiv
d. h.	das heißt		*Pers.*	Person
dt.	deutsch		*Pl.*	Plural
etc.	et cetera		*Plusqu.*	Plusquamperfekt
etw.	etwas		*qc.*	qualcosa
Imp.	Imperfekt		*qu.*	qualcuno
jd.	jemand		*Sing.*	Singular
jdm.	jemandem		*umgs.*	umgangssprachlich
jdn.	jemanden		*usw.*	und so weiter
jds.	jemandes		*vgl.*	vergleiche
			z. B.	zum Beispiel

Consigli pratici e trucchetti

Tipps & Tricks zum Konjugationstraining

Um Verben richtig konjugieren zu können, muss man nicht zwingend stoisch ganze Verbkonjugationen, Zeitformen und Endungen auswendig lernen oder gar hundertmal das gleiche Konjugationsschema abschreiben. Nein, Verben konjugieren kann Spaß machen und auf unterhaltsame Weise erlernt werden. Um Ihnen den Umgang mit italienischen Verben ganz leicht zu machen, verraten wir Ihnen hier einige praktische Tipps & Tricks zum Konjugationstraining.

L! **Pioniergeist ist gefragt**
Versuchen Sie, die Andersartigkeit der Fremdsprache und ihrer Konjugationsmuster nachzuvollziehen. Sehen Sie das Erlernen der verschiedenen Zeiten, Formen und Verben einer Fremdsprache als Chance, Ihren eigenen Erfahrungsschatz zu erweitern, als Einblick in Denkweisen, die Ihnen nicht vertraut sind, die für andere Menschen, die diese Sprache täglich sprechen, aber ganz selbstverständlich sind. Zeigen Sie Pioniergeist! Lassen Sie Ihrer Freude am sprachlich Neuen, Fremden und Andersartigen freien Lauf!

L! **Das Gesetz der Regelmäßigkeit**
Konjugationstraining ist wie Krafttraining fürs Gehirn. Wer nur einmal alle Jubeljahre trainiert, wird wohl kein Fitnessgenie. Es ist sinnvoller, regelmäßig ein wenig als unregelmäßig viel zu lernen. Setzen Sie einen bestimmten Zeitpunkt fest, zu dem Sie sich ungestört dem Konjugationstraining widmen können, z. B. täglich eine Viertelstunde vor dem Einschlafen oder drei Mal wöchentlich in der Mittagspause. Wie immer Sie sich entscheiden: Lernen Sie kontinuierlich, denn nur so lässt sich auch Ihr Langzeitgedächtnis trainieren.

L! **Aufwärmen lohnt sich**
Gelernten Stoff zu wiederholen ist wie leichtes Joggen: Laufen Sie sich warm mit Altbekanntem, bevor Sie sich an Neues wagen. Auch wenn Sie noch nicht alle Konjugationsmuster einer Sprache kennen und noch viel Neues vor sich haben, darf das bereits Erlernte nicht vernachlässigt werden. Wiederholen Sie auch Konjugationen, die Sie schon gut können, das macht Spaß und hält fit.

L! **Das Salz in der Suppe**
Versuchen Sie niemals, sich zu viele Konjugationsmuster auf einmal einzuprägen. Man verliert sonst schnell den Überblick und läuft Gefahr, sich etwas Falsches zu merken oder gar die verschiedenen Konjugationen durcheinanderzuwürfeln. Verbkonjugationen sind wie das Salz in der „Fremdsprachen-Suppe". Ebenso wie man eine Suppe versalzen kann, kann man sich das Erlernen einer Fremdsprache erschweren, indem man versucht, sich zu viele Konjugationsmuster auf einmal zu merken. Lernen Sie langsam, stetig und zielorientiert und verdauen Sie in kleinen Häppchen. Nur Geduld!

L! **Eigenlob stinkt nicht immer**
Schauen Sie auf das, was Sie bereits gelernt haben. Loben Sie sich für ge-

Tipps & Tricks

machte Fortschritte oder belohnen Sie sich für gute Leistungen. Lob motiviert und Motivation ist eine grundlegende Voraussetzung fürs Lernen.

L! Schluss mit dem Fachchinesisch
Wenn Sie etwas Neues lernen, kommen immer auch neue Fachbegriffe auf Sie zu, die Sie kennen sollten. Wählen Sie gezielt nach und nach einzelne Grammatikbegriffe aus (▶ Terminologie) und machen Sie sich mit ihrer Bedeutung vertraut. Sie werden sehen, dass es Ihnen im Laufe der Zeit leichterfallen wird, die unterschiedlichen Konjugationsmuster und Zeitformen einer Fremdsprache nachzuvollziehen, wenn für Sie die Fachterminologie nicht mehr Fachchinesisch ist.

L! Hemmungslos werden
Auch wenn die Beschäftigung mit Verbkonjugationen nicht zu Ihren bevorzugten Freizeitaktivitäten gehört, sollten Sie, um Abneigungen, Hemmungen oder Widerwillen abzubauen, die Konjugationsmuster mit anderen, alltäglichen Regeln vergleichen. Straßenverkehrsregeln, mathematische Grundregeln, Regeln von Sportarten etc. sind Ihnen heute völlig vertraut, mussten jedoch erst einmal von Ihnen gelernt werden. Auch die Regeln, die den Verbkonjugationen zugrunde liegen, werden Sie eines Tages verinnerlicht haben und, ohne darüber nachdenken zu müssen, intuitiv anwenden können.

L! Fehleranalyse gegen Fettnäpfchen
Haben Sie keine Angst vor Fehlern! Es ist nicht das Ziel des Lernens, keine Fehler zu machen, sondern gemachte Fehler zu bemerken. Nur wer einen Fehler im Nachhinein erkennt, kann ihn beim nächsten Mal vermeiden. Das Beherrschen der unterschiedlichen Konjugationsmuster einer Fremdsprache und das Verinnerlichen von Musterkonjugationen ist dabei durchaus hilfreich: zum einen, um einen Fehler nachvollziehen zu können, und zum anderen, um nicht ein zweites Mal in dasselbe Fettnäpfchen zu treten.

L! Haben Sie einen Typ?
Finden Sie heraus, welcher Lerntyp Sie sind. Behalten Sie eine Verbform schon im Gedächtnis, wenn Sie sie gehört haben (*Hörtyp*) oder müssen Sie sie gleichzeitig sehen (*Seh-/Lesetyp*) und dann aufschreiben (*Schreibtyp*)? Macht es Ihnen Spaß, verschiedene Konjugationen und Zeitformen in kleinen Rollenspielen auszuprobieren (*Handlungstyp*)? Die meisten Menschen tendieren zum einen oder anderen Lerntyp. Reine Typen kommen nur sehr selten vor. Sie sollten daher sowohl Ihren Typ ermitteln als auch Ihre Lerngewohnheiten Ihren Vorlieben anpassen. Halten Sie also Augen und Ohren offen und lernen Sie ruhig mit Händen und Füßen, wenn Sie der Typ dafür sind.

L! Sag's mit einem Post-it
Auf Post-its wurden schon Heiratsanträge gemacht oder Beziehungen beendet. Also ist es kein Wunder, dass man damit auch Konjugieren lernen kann. Schreiben Sie sich einzelne Verbformen (idealerweise mit Beispielen, s. u.) sepa-

Tipps & Tricks

rat auf Blätter oder Post-its und hängen Sie sie dort hin, wo Sie sie täglich sehen können, z. B. ins Bad über den Spiegel, an den Computer, den Kühlschrank oder neben die Kaffeemaschine. So verinnerlichen Sie schwierige Verbformen ganz nebenbei. Denn das Auge lernt mit.

L! **Beispielsätze gegen Trockenfutter**
Trockenfutter ist schwer verdaulich. Die verschiedenen Konjugationsmuster trocken aufzunehmen ebenso. Überlegen Sie sich zu jedem Verb einen Beispielsatz und konjugieren Sie diesen durch die verschiedenen Zeiten und Modi.
Fortgeschrittene können in Originaltexten (Zeitungen, Büchern, Filmen, Songtexten) nach konkreten Anwendungsbeispielen suchen. So werden die Konjugationen leicht bekömmlich.

L! **Führen Sie Selbstgespräche**
Wählen Sie besonders schwierige Verbformen aus, schreiben Sie dazu einzelne Beispielsätze auf und sprechen Sie diese laut vor sich hin, z. B. unter der Dusche, beim Spazierengehen oder während langer Autofahrten. Reden Sie mit sich selbst in der Fremdsprache, so prägen Sie sich auch komplizierte Verbformen ganz schnell ein.

L! **Grammatik à la Karte**
Wie beim Vokabellernen im Allgemeinen lässt sich auch für Verben im Besonderen eine Art Karteikasten mit einzelnen Karten anlegen. Schreiben Sie die Verben – auch in konjugierter Form oder mit Beispielsätzen – auf die eine Seite und die Übersetzungen dazu auf die andere. Schauen Sie sich die Karten regelmäßig an und sortieren Sie die, die Ihnen vertraut sind, allmählich aus.

L! **Gegensätze ziehen sich an**
Merken Sie sich Verben paarweise, indem Sie sich immer auch ein Verb, das das Gegenteil bedeutet (Antonym), einprägen oder ein weiteres Verb mit der gleichen Bedeutung (Synonym). Das hilft Ihnen, nicht „sprachlos" zu sein, wenn Ihnen ein Verb mal nicht gleich einfällt oder Sie sich nicht sicher sind, wie es konjugiert wird. Indem Sie Antonyme und Synonyme mit dazulernen, bauen Sie sich einen breit gefächerten Wortschatz auf und können aus dem Vollen schöpfen.

L! **Vor-/nach-/raus-/rein-/runter-/rüber- ...gehen**
Manche Verben können durch eine Vorsilbe eine andere Bedeutung annehmen. In der Regel verändert sich dabei jedoch nicht das Konjugationsmuster. Das ist sehr praktisch, denn auf diese Weise müssen Sie nur das Konjugationsmuster eines Verbs lernen und beherrschen so aber gleich automatisch die Konjugation zahlreicher Ableitungen des Verbs.

L! **Haben Sie einen Plan?**
Schreiben Sie Verben, die das gleiche Konjugationsmuster haben, auf einem großen Bogen Papier, eventuell mit Zeichnungen, Verweisen oder kurzen Beispielen, überschaubar zusammen und erstellen Sie Ihren persönlichen Lageplan. Mithilfe sogenannter *mind*

Tipps & Tricks

maps können Sie sich schon durch das bloße Erstellen des Plans ganz schnell einen Gesamtüberblick über die verschiedenen Konjugationsmuster verschaffen. Ob Sie dieses Papier dann auch irgendwo hinhängen oder nicht, ist nicht ausschlaggebend, denn Sie haben dann ja den Plan schon im Kopf.

L! Denken Sie in Schubladen
Was im wahren Leben nicht unbedingt sinnvoll ist, kann beim Konjugationstraining hilfreich sein. Machen Sie sich gedankliche Schubladen, in die Sie die gelernten Verben einsortieren, und versehen Sie diese mit Etiketten: regelmäßige Verben, unregelmäßige Verben, Hilfsverben etc.

L! Bleiben Sie in Bewegung
Sie müssen beim Lernen nicht unbedingt am Schreibtisch sitzen. Stehen Sie auf, gehen Sie im Zimmer auf und ab oder wiederholen Sie beim Spazierengehen, beim Joggen, beim Schwimmen in Gedanken die neu gelernten Konjugationen. Ihr Gehirn funktioniert nachweislich besser, wenn Ihr Körper in Bewegung ist. Und Ihr Kreislauf dankt es Ihnen auch.

L! Beweisen Sie Taktgefühl
Klopfen Sie im Takt dazu (z. B. auf die Tischplatte), wenn Sie sich eine Konjugation einprägen wollen. Takt und Rhythmus fördern Ihr Erinnerungsvermögen. Eventuell hilft auch musikalische Unterstützung in Form von Hintergrundmusik. Und beim Wiederholen der Verbformen können Sie Ihr Taktgefühl und Ihr Gedächtnis zugleich unter Beweis stellen.

L! Grammatik aus dem Ei
Behelfen Sie sich beim Lernen von Konjugationsmustern oder Verbformen, die eine Ausnahme darstellen, mit Eselsbrücken, Reimen, Merkhilfen und Lernsprüchen. „7-5-3 Rom schlüpft aus dem Ei" – was bei historischen Jahreszahlen funktioniert, klappt auch beim Sprachenlernen.

L! Machen Sie Witze?
Merken Sie sich Witze, in denen ein bestimmtes Verb, das Sie lernen wollen, vorkommt. Indem Sie sich den Witz in der Fremdsprache einprägen und sich an diesen erinnern, prägen Sie sich auch die Verbform und ihre Bedeutung gut ein. Das funktioniert gleichermaßen mit Sprichwörtern und Redewendungen. Aber denken Sie daran, dass sich feste Wendungen nicht immer wörtlich von einer Sprache in die andere übertragen lassen!

L! Setzen Sie Ihrer Fantasie keine Grenzen
Machen Sie sich im wahrsten Sinne ein Bild von der Situation, denn auch Bilder, die Sie im Kopf haben, dienen als Gedächtnisstützen. Versuchen Sie also, ein neu gelerntes Verb gedanklich mit einem einfachen Bild zu verknüpfen. Was sagt das Verb aus? Vor allem das Erlernen der Zeiten funktioniert besser, wenn Sie sich das, was die jeweilige Zeitform ausdrückt, visuell vorstellen.

Tipps & Tricks

☝ Gretchenfrage: Und wie steht's mit der Muttersprache?

Denken Sie über Ihre eigenen Sprechgewohnheiten nach und schauen Sie sich die Regeln Ihrer Muttersprache an. Die Gesetze der Fremdsprache sind viel einfacher nachvollzieh- und erlernbar, wenn man die Unterschiede zur eigenen Muttersprache kennt. Welche Zeitformen verwenden Sie wann, wie werden sie gebildet etc.? Indem Sie die Fremdsprache mit Ihrer Muttersprache vergleichen, machen Sie sich Parallelen und Unterschiede bewusster und prägen sich diese gleich viel besser ein.

☝ Lieber hin und weg als auf und davon

Lernen Sie die Verben auch gleich in Verbindung mit verschiedenen Präpositionen. Sie werden zum einen merken, dass Sie damit Ihren Wortschatz ganz schnell erweitern können, da die Verben je nach Präposition zumeist auch unterschiedliche Bedeutungen haben. Zum anderen werden Sie feststellen, dass in der Fremdsprache häufig ganz andere Präpositionen mit dem Verb verwendet werden als in Ihrer Muttersprache.

☝ Gebrauchsanweisung

Wenn Sie sich ein Verb und sein Konjugationsmuster einprägen, dann achten Sie auch darauf, den richtigen Gebrauch des Verbs mitzulernen. Denn nur so können Sie das Gelernte auch in der Praxis erfolgreich zur Anwendung bringen.

☝ Wer liest, ist im Vorteil

Wagen Sie sich langsam an fremdsprachige Lektüre heran, sei es in vereinfachter Form mit Übersetzungshilfen, sei es in Form leichter Originaltexte, und schauen Sie sich insbesondere die verwendeten Verbformen immer wieder bewusst an. Es zählt nicht, wie viel Sie lesen, sondern dass Sie einzelne Zeit- und Verbformen im Kontext nachvollziehen und verstehen können, was ausgedrückt werden soll.

☝ Haben Sie O-Töne?

Lernen Sie multimedial. Schauen Sie DVDs oder Kinofilme im Originalton und wenn möglich mit Originaluntertitel an, also z. B. einen italienischen Film mit italienischem Untertitel. Sie werden sehen, dass Sie durch das Mitlesen das Gesprochene wesentlich besser verstehen als ohne die Texthilfe. Halten Sie die DVD gelegentlich auch mal an und schreiben Sie sich interessante Verben, auch in Verbindung mit verschiedenen Präpositionen oder als ganze Redewendung, auf.

☝ Verben – ab in den Koffer!

Das Spiel „Ich packe in meinen Koffer …" kennt vermutlich jeder. Falls nicht, hier die ultimative Variante zum Konjugationstraining zu zweit: Setzen Sie sich mit Ihrem Mitlerner zusammen und beginnen Sie, indem Sie eine Verbform laut sagen. Ihr Mitlerner muss diese wiederholen und eine andere Verbform hinzufügen. Dann sind wieder Sie an der Reihe mit der nächsten Verbform usw. Der Vorteil bei dieser Trainingsform ist, dass Sie nicht nur Verbkonjugationen

Tipps & Tricks

und Vokabeln gleichzeitig lernen, sondern auch Ihr Gedächtnis in Schwung halten und das Ganze auf spielerische und unterhaltsame Art und Weise.

L! Kofferpacken für Fortgeschrittene
Wenn Sie Spaß am spielerischen Lernen gefunden haben, dann gefällt Ihnen sicher auch „Kofferpacken für Fortgeschrittene". Wenn Sie ein Verb „in den Koffer packen", dann muss Ihr Mitspieler ein Verb mit dem in der alphabetischen Reihenfolge folgenden Buchstaben dazupacken usw. Sie sind auf jeden Fall im Vorteil, denn Sie können sich ja mit den Alphabetischen Verblisten am Ende des Buches bestens auf das verbale Duell vorbereiten.
Wenn Ihnen das noch nicht reicht, dann gibt es noch die ultimativ spaßige Verben-in-den-Koffer-pack-Variante:
Sie vereinbaren mit Ihrem Mitspieler im Vorfeld zwei Handzeichen. Daumen nach oben heißt, dass die Verben, wie oben beschrieben, in alphabetisch aufsteigender Variante gepackt werden müssen. Daumen nach unten heißt, dass das nächste Verb mit einem Anfangsbuchstaben in alphabetisch absteigender Richtung beginnen muss. Das geht dann so lange so weiter, bis es zum nächsten Richtungswechsel kommt. Sie werden sehen, lachen ist vorprogrammiert und der Lerneffekt auch.

L! Verb-Memo für Einzelkämpfer zur Pärchenbildung
Um Ihrem neu entdeckten Spieltrieb keinen Abbruch zu tun, hier noch ein Spieltipp, den Sie auch alleine umsetzen können. Schreiben Sie sich die gleiche konjugierte Verbform jeweils auf zwei Kärtchen. Insgesamt sollten Sie ca. 20 bis 30 Kärtchen erstellen, die Sie dann umdrehen und mischen. Dann decken Sie ein Kärtchen auf und versuchen unter den umgedrehten Kärtchen das Pendant zu Ihrem Kärtchen zu finden. Werden Sie nicht auf Anhieb fündig, so müssen Sie die Karte wieder umdrehen. Merken Sie sich gut, auf welcher Karte sich welche Verbform befindet, und verwechseln Sie sehr ähnlich aussehende Formen nicht! Wenn Sie ein Pärchen haben, dürfen Sie dieses aus dem Spiel nehmen. Das geht so lange, bis keine Karten mehr im Spiel sind. Auch hier trainieren Sie nicht nur die Konjugationen, sondern Ihr Gedächtnis und manchmal auch Ihre Geduld.

L! Learning by doing in freier Wildbahn
Zu guter Letzt, wenden Sie die gelernten Verben und Konjugationen aktiv an. Reisen Sie in Länder, in denen die Sprache gesprochen wird, genießen Sie es, mit Menschen in der Fremdsprache zu sprechen, die Sie gerade lernen oder dann auch schon können, und freuen Sie sich über die Anerkennung, die Sie dafür bekommen, und die Kontakte, die Sie dabei knüpfen können – weil Sprachen verbinden …

Viel Spaß und Erfolg beim Konjugieren wünscht Ihnen
Ihre Langenscheidt-Redaktion

Terminologie

Italienisch	Deutsch
condizionale semplice/composto	Konditional I/II
congiuntivo imperfetto	Konjunktiv Imperfekt
congiuntivo passato	Konjunktiv Perfekt
congiuntivo presente	Konjunktiv Präsens
congiuntivo trapassato	Konjunktiv Plusquamperfekt
coniugazione	Konjugation
futuro semplice/composto	Futur I/II
genere	Genus (Geschlecht)
gerundio passato	Gerund der Vergangenheit
gerundio presente	Gerund der Gegenwart
imperativo	Imperativ
imperfetto	Imperfekt
indicativo	Indikativ
infinito	Infinitiv
infinito passato	Infinitiv Perfekt
intransitivo	intransitiv
modo	Modus
numero	Numerus
participio passato	Partizip Perfekt
participio presente	Partizip Präsens
passato prossimo	Perfekt
passato remoto	historisches Perfekt
passivo	Passiv
periodo ipotetico	Bedingungssatz
plurale	Plural
preposizione	Präposition
presente	Präsens
pronome (personale/riflessivo)	Pronomen (Personal-/Reflexiv-)
singolare	Singular
sostantivo	Substantiv
tempo	Tempus
transitivo	transitiv
trapassato prossimo	Plusquamperfekt
trapassato remoto	historisches Plusquamperfekt
verbo	Verb
verbo ausiliare/modale	Hilfs-/Modalverb
verbo pronominale	reflexives Verb

Grammatica

1 Das Verb

1.1 Die Konjugationen

ℹ️ Die Verben werden nach ihrer Infinitivendung in drei Konjugationen unterteilt:

1. Konjugation: **-are**	2. Konjugation: **-ere**	3. Konjugation: **-ire**
chiam**are** *rufen*	prend**ere** *nehmen*	dorm**ire** *schlafen*

🔹 Besonderheiten bei den Verben auf **-are**:
- Verben auf **-care, -gare**: Um die Aussprache zu erhalten, muss im Präsens in der 2. Person Singular und in der 1. Person Plural, im Futur I sowie im Konditional I in allen Formen ein **-h** eingefügt werden:
  cer**c**are *(ver)suchen*: (io) cer**c**o, aber: (tu) cer**ch**i, (voi) cer**ch**erete,
  pa**g**are *(be)zahlen*: (io) pa**g**o, aber: (io) pa**gh**erei, (tu) pa**gh**eresti.
- Verben auf **-ciare, -giare**: Es entfällt ein **-i** vor der Endung, wenn diese mit **-i** oder **-e** beginnt:
  cominciare *anfangen*: (io) cominc**i**o, (tu) cominc**i**, (noi) cominc**i**amo,
  mangiare *essen*: (io) mang**i**o, (tu) mang**i**, (noi) mang**i**amo.
  Vor der Endung **-i** gilt dies auch für einige weitere Verben auf **-iare**, wie z. B. studiare *lernen*: (tu) stud**i**.

Bei den Verben auf **-cere, -gere** verändert sich die Schreibweise nicht, sondern nur die Aussprache: leggere *lesen*: (io) leggo, (tu) leggi, (lui/lei) legge.

1.2 Die Verben **avere** und **essere**

💡 Die Verben **avere** *haben* und **essere** *sein* werden auch als Hilfsverben zur Bildung der zusammengesetzten Zeiten verwendet. Bei der Verwendung von **essere** wird das Partizip an das Subjekt angeglichen.

avere + Partizip Perfekt:	**ho** comprato *ich habe gekauft*
essere + Partizip Perfekt:	B2 **erano** partiti/-e *sie sind weggefahren*

Mit **essere** gebildete Verben:
- Verben der Bewegung und des Zustands:
  Sono andata al cinema. *Ich bin ins Kino gegangen.*
- reflexive Verben:
  Ti **sei** lavato le mani? *Hast du dir die Hände gewaschen?*
- unpersönliche Ausdrücke:
  È nevicato. *Es hat geschneit.*

Grammatik

- ⇒ In der Umgangssprache können die Ausdrücke des Wetters das Perfekt auch mit **avere** bilden (**ha** piovuto); dasselbe gilt für die Angabe der Dauer.
- Modalverben bei einem Verb, das **essere** als Hilfsverb verlangt:
  Non **sono** potuto/-a venire. *Ich konnte nicht kommen.*
- ⚡ im Unterschied zum Deutschen die Verben **durare** *dauern*, **costare** *kosten*, **bastare** *genügen*, **servire** *nützen*:
  Il film **è** durato quasi tre ore. *Der Film **hat** fast drei Stunden gedauert.*
- Verben im Passiv:
  Il cantante **sarà** stato ammirato. *Der Sänger wird bewundert worden sein.*
- Verben in der si-Konstruktion:
  Si **è** costruito un ponte. *Man hat eine Brücke gebaut.*

Mit **avere** gebildete Verben:
- alle transitiven Verben (= Verben mit direktem Objekt):
  Laura **ha** scritto una lettera. *Laura hat einen Brief geschrieben.*
- Verben der Bewegung, die weder Ausgangspunkt noch Ziel angeben, sondern die Bewegungsart bezeichnen: **viaggiare** *reisen*, **passeggiare** *spazieren gehen*, **nuotare** *schwimmen*, B1 **sciare** *Ski fahren*, B1 **correre** *laufen*:
  Abbiamo passeggiato. *Wir sind spazieren gegangen.*

⚡ Manche Verben können die zusammengesetzten Zeiten mit **essere** oder **avere** bilden. Tritt zum Verb ein direktes Objekt oder eine Infinitivergänzung, wird **avere** als Hilfsverb gebraucht, sonst verwendet man **essere**:

- cominciare und finire:
  Ho cominciato (a leggere) un bel libro. *Ich habe ein schönes Buch (zu lesen) begonnen.*
  Sbrigati, il film **è** già cominciato. *Beeil dich, der Film hat schon angefangen.*

- passare:
  Avranno passato delle vacanze bellissime. *Sie werden wunderschöne Ferien verbracht haben.*
  Saranno passati per Roma. *Sie werden an Rom vorbeigefahren sein.*

 ### 1.3 Das Modalverb

ℹ️ Die Verben **dovere** *müssen*, **potere** *können*, **sapere** *wissen, können* und **volere** *wollen* können auch als Modalverben vor einem Infinitiv stehen. Sie drücken dann aus, ob eine Handlung notwendig, möglich oder gewollt ist:
Non **posso** venire. *Ich kann nicht kommen.*

Grammatik

Die Modalverben bilden die zusammengesetzten Zeiten meist mit **avere** *haben*:
Non **ho** potuto venire. *Ich habe nicht kommen können.*
Steht das Modalverb vor einem mit **essere** *sein* konjugierten Verb, kann sowohl **avere** als auch **essere** gebraucht werden:
Non **sono** potuto venire. *Ich habe nicht kommen können.*

⚡ Steht das Modalverb bei einem reflexiven Verb, kommt es bei der Bildung der zusammengesetzten Zeiten auf die Wortstellung an:
- Man verwendet **essere**, wenn das Reflexivpronomen vor dem Modalverb steht:
  Mi sono dovuto lavare. *Ich musste mich waschen.*
- Man verwendet **avere**, wenn das Reflexivpronomen an den Infinitiv angehängt wird:
  Ho dovuto lavar**mi**. *Ich musste mich waschen.*

1.4 Das reflexive Verb

💡 Reflexive Verben werden mithilfe der Reflexivpronomen gebildet. In den zusammengesetzten Zeiten wird das Hilfsverb **essere** *sein* verwendet. Das Reflexivpronomen steht in der Regel vor dem konjugierten Verb.

einfache Zeiten **lavarsi** *sich waschen*	zusammengesetzte Zeiten
mi lavo	mi sono lavato/-a
ti lavi	ti sei lavato/-a
si lava	si è lavato/-a
ci laviamo	ci siamo lavati/-e
vi lavate	vi siete lavati/-e
si lavano	si sono lavati/-e

Das Reflexivpronomen wird direkt an das Gerund und den bejahten Imperativ der 1. Person Singular sowie der 1. und 2. Person Plural angehängt:
Lavati! *Wasch dich!* **Laviamoci!** *Waschen wir uns!* **Lavatevi!** *Wascht euch!*

Im verneinten Imperativ kann das Reflexivpronomen in diesen Personen vorangestellt oder angehängt werden:
Non **ti** lavare!/Non lavar**ti**! *Wasch dich nicht!*
Auch beim Gebrauch mit einem Modalverb steht das Reflexivpronomen entweder vor diesem oder es wird direkt an den Infinitiv (ohne die Endung -e) angehängt:
Mi voglio alzare./Voglio alzar**mi**. *Ich will aufstehen.*

Grammatik

 ② Der Indikativ

 2.1 Das Präsens

Formen

☀ Zur Bildung des Präsens (Presente) werden an den Verbstamm (Verb ohne die Endung -are/-ere/-ire) die Personalendungen angehängt. Die Gruppe der Verben auf -ire teilt sich im Präsens nochmals in zwei verschiedene Untergruppen auf, da bei einem Teil dieser Verben im Singular sowie in der 3. Person Plural die Silbe -isc zwischen Verbstamm und Endung eingefügt wird. Die regelmäßige Konjugation lautet:

-are chiamare *(an)rufen*	-ere prendere *nehmen*	-ire dormire *schlafen*	capire *verstehen*
chiam**o**	prend**o**	dorm**o**	cap**isco**
chiam**i**	prend**i**	dorm**i**	cap**isci**
chiam**a**	prend**e**	dorm**e**	cap**isce**
chiam**iamo**	prend**iamo**	dorm**iamo**	cap**iamo**
chiam**ate**	prend**ete**	dorm**ite**	cap**ite**
chiam**ano**	prend**ono**	dorm**ono**	cap**iscono**

ⓘ Die 1. und 2. Person Singular sowie die 1. Person Plural haben jeweils übereinstimmende Endungen. Die Betonung liegt auf der vorletzten Silbe, mit Ausnahme der 3. Person Plural, bei der die drittletzte Silbe betont wird.

⚡ Bei den Verben auf -ire mit Stammerweiterung -isc ist die unterschiedliche Aussprache von -sc zu beachten. Dazu gehören u. a. folgende Verben: **finire** *(be)enden*, ᴬ² **preferire** *vorziehen*, ᴬ² **pulire** *putzen*, ᴮ¹ **spedire** *schicken*, ᴮ¹ **costruire** *bauen*, ᴮ¹ **sparire** *verschwinden*, ᴮ¹ **sostituire** *ersetzen*, ᴮ² **ferire** *verletzen*.

Gebrauch

Das Präsens wird wie im Deutschen verwendet:
- zum Ausdruck einer Handlung in der Gegenwart:
  Paolo **lavora** in ufficio. *Paolo **arbeitet** im Büro.*
- um ein sicheres Ereignis der nahen Zukunft zu bezeichnen:
  Domani **parto** per Parigi. *Morgen **fahre ich** nach Paris.*
- um eine gewohnheitsmäßige Handlung zu beschreiben:
  Il lunedì **vado** al corso d'italiano. *Montags **gehe ich** zum Italienischkurs.*
- um eine allgemeingültige Feststellung auszudrücken:
  Lavorare stanca. ***Arbeiten** ermüdet.*

> Grammatik

2.2 Die Vergangenheit

2.2.1 Das Imperfekt

Formen

☼ Das Imperfekt (Imperfetto) wird gebildet, indem vom Infinitiv die Endung **-re** weggestrichen wird und die Imperfektendungen, die in allen drei Konjugationen gleich sind, angehängt werden. Die Formen unterscheiden sich somit nur im Vokalauslaut des Stammes (**-a/-e/-i**).

-are chiamare *(an)rufen*	-ere prendere *nehmen*	-ire dormire *schlafen*
chiam**avo**	prend**evo**	dorm**ivo**
chiam**avi**	prend**evi**	dorm**ivi**
chiam**ava**	prend**eva**	dorm**iva**
chiam**avamo**	prend**evamo**	dorm**ivamo**
chiam**avate**	prend**evate**	dorm**ivate**
chiam**avano**	prend**evano**	dorm**ivano**

Die Betonung liegt auch hier auf der vorletzten Silbe – mit Ausnahme der 3. Person Plural, bei der die drittletzte Silbe betont wird.

Gebrauch

Das Imperfekt verwendet man für nicht abgeschlossene Handlungen und Ereignisse in der Vergangenheit, z. B.:
- für Beschreibungen und Schilderungen:
  Aveva i capelli lunghi. *Er/Sie hatte lange Haare.*
- für körperliche oder seelische Zustände:
  Ieri **ero** molto stanco. *Gestern war ich sehr müde.*
- für gewohnheitsmäßige Handlungen in der Vergangenheit:
  Usciva sempre la sera. *Er/Sie ging abends immer aus.*
- nach mentre *während* für eine Handlung, die noch andauert, während eine andere Handlung einsetzt:
  Mentre **guardavamo** la TV, è suonato il telefono. *Während wir fernsahen, klingelte das Telefon.*
- für zwei gleichzeitige Handlungen:
  Mentre **parlavo, pensavo** ad altre cose. *Während ich sprach, dachte ich an andere Dinge.*
- als höfliche Umschreibung anstelle des Konditionals I (▷ 2.4.1):
  Volevo sapere, se ... *Ich wollte/möchte gerne wissen, ob ...*

2.2.2 **Das Perfekt**

Formen

☀ Das Perfekt (Passato prossimo) bildet man mit dem Präsens von **essere** *sein* bzw. **avere** *haben* und dem Partizip Perfekt (▷ 6.1).
Beim Perfekt mit **essere** wird die Endung des Partizips in Numerus und Genus an das Subjekt angeglichen. Beim Perfekt mit **avere** wird das Partizip nur dann angeglichen, wenn ein direktes Objektpronomen (**lo/la/li/le**) vorausgeht.

andare *gehen*	**vendere** *verkaufen*	**dormire** *schlafen*
sono andato/-a	ho venduto	ho dormito
sei andato/-a	hai venduto	hai dormito
è andato/-a	ha venduto	ha dormito
siamo andati/-e	abbiamo venduto	abbiamo dormito
siete andati/-e	avete venduto	avete dormito
sono andati/-e	hanno venduto	hanno dormito

Gebrauch

Das Perfekt wird verwendet:
- zum Ausdruck einer einmaligen Handlung, die zum Zeitpunkt der Erzählung abgeschlossen ist:
  Sono già **tornati** ieri. *Sie sind gestern schon zurückgekommen.*
- zur Beschreibung einer plötzlich eintretenden Handlung, die eine andere unterbricht:
  Mentre mangiavo, **è arrivata** la mia amica Anna. *Während ich aß, ist meine Freundin Anna vorbeigekommen.*
- zum Ausdruck mehrerer abgeschlossener Handlungen, die aufeinanderfolgen:
  Mi sono alzata alle sette, **ho fatto** la doccia e **sono uscita** alle otto. *Ich bin um sieben aufgestanden, habe geduscht und bin um acht weggegangen.*

⚡ Manche Verben haben im Perfekt eine andere Bedeutung als im Imperfekt:

La **conoscevo** da tempo.	L'**ho conosciuto** qualche mese fa.
Ich kannte sie seit Langem.	*Ich habe ihn vor einigen Monaten kennengelernt.*
Non lo **sapevi**?	L'**ho saputo** solo ieri.
Wusstest du das nicht?	*Ich habe es erst gestern erfahren.*

Grammatik

2.2.3 Das historische Perfekt

B1

Formen
☀ Die Formen des historischen Perfekts (Passato remoto) werden mit dem Verbstamm und den entsprechenden Personalendungen gebildet. Die drei Konjugationen unterscheiden sich nur in dem für sie typischen Vokal: **-a** (⚠ Ausnahme: 3. Pers. Sing.!), **-e** bzw. **-i**. Der Großteil der Endungen stimmt überein.

chiamare *(an)rufen*	**vendere** *verkaufen*	**partire** *abreisen*
chiam**ai**	vend**ei/-etti**	part**ii**
chiam**asti**	vend**esti**	part**isti**
chiam**ò**	vend**è/-ette**	part**ì**
chiam**ammo**	vend**emmo**	part**immo**
chiam**aste**	vend**este**	part**iste**
chiam**arono**	vend**erono/-ettero**	part**irono**

ℹ Der Wortakzent liegt auf der vorletzten Silbe, außer in der 3. Person Plural, bei der die drittletzte Silbe betont wird. Bei den Verben auf **-ere** kommen auch die Endungen **-etti** (1. Pers. Sing.), **-ette** (3. Pers. Sing.) und **-ettero** (3. Pers. Pl.) vor.

⚠ Zahlreiche Verben, meist jene auf **-ere**, bilden das historische Perfekt unregelmäßig. Dabei ist zu beachten, dass wie bei **avere** *haben* nur die 1. und 3. Person Singular sowie die 3. Person Plural unregelmäßig sind. Das Hilfsverb **essere** *sein* ist jedoch in allen Formen unregelmäßig.

Gebrauch
Das historische Perfekt wird zum Ausdruck eines historischen bzw. ganz in der Vergangenheit liegenden Ereignisses verwendet:
Michelangelo **abbandonò** per più di vent'anni la pittura e **si dedicò** alla scultura e all'architettura. *Michelangelo **gab** die Malerei für mehr als zwanzig Jahre **auf** und **widmete sich** der Bildhauerei und Architektur.*

Im Gegensatz zum Perfekt hat es keinen Bezug zur Gegenwart:
Nacque nel 1930. *Er wurde 1930 geboren* (d. h., er lebt nicht mehr).
È nato nel 1930. *Er wurde 1930 geboren* (d. h., er lebt noch).

➡ Das historische Perfekt wird meist in literarischen Texten verwendet. In der gesprochenen Sprache wird es weitgehend – außer z. B. in Süditalien und in der Toskana – durch das Perfekt ersetzt. Bei diesen Formen ist eine passive Kenntnis ausreichend.

Grammatik

 2.2.4 Das Plusquamperfekt

Formen

☀ Das Plusquamperfekt (Trapassato prossimo) wird mit dem Imperfekt von **avere** *haben* bzw. **essere** *sein* und dem Partizip Perfekt gebildet. ⚡ Bei der Verwendung mit **essere** muss die Endung des Partizips angeglichen werden.

chiamare *(an)rufen*	**partire** *abfahren*
avevo chiamato	**ero** partito/-a
avevi chiamato	**eri** partito/-a
aveva chiamato	**era** partito/-a
avevamo chiamato	**eravamo** partiti/-e
avevate chiamato	**eravate** partiti/-e
avevano chiamato	**erano** partiti/-e

Gebrauch

Das Plusquamperfekt wird verwendet, um Vorzeitigkeit in der Vergangenheit auszudrücken: Die Handlung im Plusquamperfekt war *vor* einem anderen zurückliegenden Vorgang bereits abgeschlossen:
Quando sono arrivato, lo spettacolo **era** appena **finito**. *Als ich ankam, **war** die Vorstellung gerade **beendet**.*

ℹ Selten wird die Vorvergangenheit mit dem historischen Plusquamperfekt (Trapassato remoto) bezeichnet. Dieses wird mit dem historischen Perfekt von **essere** *sein* und **avere** *haben* und dem Partizip Perfekt gebildet. Verwendet wird es nur in Nebensätzen, die mit **quando** *als*, **nachdem**, **dopo che** *nachdem*, **appena che, non appena** *sobald* eingeleitet werden. Die Handlung im Hauptsatz steht dann im historischen Perfekt:
Quando **ebbe superato** gli esami, fece una grande festa. *Nachdem er die Prüfungen **bestanden hatte**, machte er ein großes Fest.*

 **2.3 Das Futur**

2.3.1 Das Futur I

Formen

☀ Zur Bildung des Futur I (Futuro semplice) werden an den Infinitiv ohne den Endvokal **-e** die Futurendungen, die für alle drei Verbgruppen gleich sind, angehängt. Bei den Verben auf **-are** wird das **-a** der Infinitivendung zu **-e** abgeschwächt. ⚡ Kurze Verben wie **stare** *stehen*, **fare** *tun* und **dare** *geben* behalten jedoch den ursprünglichen Vokal bei (**starò, farò, darò**).

Grammatik

chiamare *(an)rufen*	vendere *verkaufen*	partire *abreisen*
chiam**erò**	vend**erò**	part**irò**
chiam**erai**	vend**erai**	part**irai**
chiam**erà**	vend**erà**	part**irà**
chiam**eremo**	vend**eremo**	part**iremo**
chiam**erete**	vend**erete**	part**irete**
chiam**eranno**	vend**eranno**	part**iranno**

Gebrauch

Das Futur I drückt eine Handlung in der Zukunft aus. Ist das Ereignis gewiss, wird es wie im Deutschen oft durch das Präsens ersetzt (▷ 2.1):
Domani **verrà/viene** mia madre. *Morgen **wird** meine Mutter **kommen**.*
Partiremo verso la fine di agosto. *Wir werden gegen Ende August fahren.*

Das Futur I kann aber auch zum Ausdruck einer Vermutung verwendet werden:
Saranno le dieci. *Es wird (wohl) 10 Uhr sein.*

2.3.2 Das Futur II `B1`

Formen

☀ Das Futur II (Futuro composto) wird mit dem Futur I der Hilfsverben und dem Partizip Perfekt gebildet. Wird es mit **essere** *sein* gebildet, muss das Partizip angeglichen werden.

chiamare *(an)rufen*	partire *abfahren*
avrò chiamato	**sarò** partito/-a
avrai chiamato	**sarai** partito/-a
avrà chiamato	**sarà** partito/-a
avremo chiamato	**saremo** partiti/-e
avrete chiamato	**sarete** partiti/-e
avranno chiamato	**saranno** partiti/-e

Gebrauch

Das Futur II wird zum Ausdruck einer zukünftigen Handlung, die vor einer anderen geschehen wird, verwendet:
Appena **sarò tornato**, mi farò vivo. *Sobald ich zurück bin, werde ich mich melden.*

Das Futur II kann auch (vgl. Futur I) bei einer Vermutung in Bezug auf die Vergangenheit gebraucht werden:
Marco **avrà bevuto** troppo. *Marco **wird** zu viel **getrunken haben**.*

Grammatik

 ## 2.4 Der Konditional

 ### 2.4.1 Der Konditional I

Formen

Der Konditional I (Condizionale semplice) wird wie das Futur I gebildet: An den Infinitiv ohne den Endvokal **-e** werden die Endungen, die für alle Konjugationen gleich sind, angehängt. Bei den Verben auf **-are** wird das **-a** der Infinitivendung zu **-e** abgeschwächt.

Kurze Verben behalten jedoch auch im Konditional I den ursprünglichen Vokal bei, z. B. fare *tun*: **farei**, dare *geben*: **darei** usw.

chiamare *(an)rufen*	**vendere** *verkaufen*	**partire** *abreisen*
chiam**erei**	vend**erei**	part**irei**
chiam**eresti**	vend**eresti**	part**iresti**
chiam**erebbe**	vend**erebbe**	part**irebbe**
chiam**eremmo**	vend**eremmo**	part**iremmo**
chiam**ereste**	vend**ereste**	part**ireste**
chiam**erebbero**	vend**erebbero**	part**irebbero**

Die Betonung liegt meist auf der vorletzten Silbe, in der 1. Person Singular wird jedoch die letzte Silbe und in der 3. Person Plural die drittletzte Silbe betont.

Gebrauch

Den Konditional I, der im Deutschen meist mit dem Konjunktiv II der Gegenwart übersetzt wird, verwendet man:
- zum Ausdruck eines höflichen Wunsches oder einer höflichen Bitte:
  Vorrei un cappuccino. *Ich möchte einen Cappuccino.*
- zum Ausdruck einer irrealen Handlung der Gegenwart:
  Verrei volentieri, ma non posso. *Ich käme gerne, aber ich kann nicht.*
- zum Ausdruck einer irrealen Handlung im Hauptsatz eines konditionalen Satzgefüges (▶ 2.4.3):
  Se avessi tempo, **verrei** volentieri. *Wenn ich Zeit hätte, würde ich gerne kommen.*
- zur abgeschwächten Meinungsäußerung:
  Secondo me **potresti** almeno chiamarla. *Meiner Meinung nach könntest du sie wenigstens anrufen.*
- zur vorsichtigen Wiedergabe einer Meinung/eines Berichts anderer (oft in der Presse):
  Il presidente **sarebbe** malato. *Der Präsident soll krank sein.*

Grammatik

2.4.2 Der Konditional II **B1**

Formen

☼ Den Konditional II (Condizionale composto) bildet man mit dem Konditional I der Hilfsverben und dem Partizip Perfekt. Wird er mit **essere** *sein* gebildet, muss die Endung des Partizips angeglichen werden.

chiamare *(an)rufen*	**partire** *abfahren*
avrei chiamato	sarei partito/-a
avresti chiamato	saresti partito/-a
avrebbe chiamato	sarebbe partito/-a
avremmo chiamato	saremmo partiti/-e
avreste chiamato	sareste partiti/-e
avrebbero chiamato	sarebbero partiti/-e

Gebrauch

Der Konditional II wird ähnlich wie der Konditional I verwendet, wobei der Unterschied in der Zeitstufe liegt. Im Deutschen wird er mit dem Konjunktiv II der Vergangenheit wiedergegeben.
Der Konditional II wird verwendet, um:

- einen irrealen (nicht erfüllbaren) Wunsch in der Vergangenheit auszudrücken:
  Sarei venuto volentieri, ma avevo molto da fare. *Ich wäre gerne gekommen, aber ich hatte viel zu tun.*
- eine irreale Handlung der Vergangenheit im Hauptsatz eines konditionalen **B2** Satzgefüges zu beschreiben (▷ 2.4.3):
  Sarei venuto a trovarti, se non avessi dovuto lavorare tanto. *Ich hätte dich besucht, wenn ich nicht so viel hätte arbeiten müssen.*
- die Meinung oder den Bericht anderer wiederzugeben:
  Secondo alcuni giornali il presidente **sarebbe stato** malato. *Laut einigen Zeitungen* **soll** *der Präsident krank* **gewesen sein.**
- das Futur/Nachzeitigkeit in der Vergangenheit auszudrücken (▷ 3.2): **B2**
  Sapevo che mi **avrebbe chiamato**. *Ich wusste, dass er/sie mich anrufen würde.*

2.4.3 Der Bedingungssatz **B2**

☼ Der Konditional wird auch als Modus im Bedingungssatz gebraucht. Er bezeichnet eine irreale, d. h. nicht erfüllbare Handlung. Der Nebensatz mit **se** *wenn* kann nicht im Konditional stehen.

Grammatik

se-Satz:	Hauptsatz:
Konjunktiv Imperfekt Se **potessi**, *Wenn ich könnte,*	Konditional I **verrei.** *würde ich kommen.*
Konjunktiv Plusqu. Se **avessi potuto**, *Wenn ich gekonnt hätte,*	Konditional II **sarei venuto/-a.** *wäre ich gekommen.*

Fällt die im Hauptsatz bezeichnete Folge in die Gegenwart, kann nach einem se-Satz im Konjunktiv Plusquamperfekt auch der Konditional I stehen:
Se non l'**avesse dimenticato,** ora non **sarebbe** nei guai. *Wenn er/sie es nicht vergessen hätte, hätte er/sie jetzt keine Scherereien.*

➡ Umgangssprachlich werden Konjunktiv Plusquamperfekt und Konditional II auch durch das Imperfekt ersetzt:
Se **potevo, venivo.** *Wenn ich könnte, würde ich kommen.*

Anstelle eines **se**-Satzes kann z. B. auch ein Gerund, eine Partizipial- oder eine Infinitivkonstruktion stehen:
Arrivato lui, **potremmo** cominciare. *Wenn er angekommen wäre, könnten wir beginnen.*

⚡ Bedingungssätze mit erfüllbaren Handlungen stehen nicht im Konditional:
Se **posso, vengo/verrò**. *Wenn ich kann, komme ich/werde ich kommen.*

B1 ③ Der Konjunktiv

ⓘ Der Konjunktiv stellt den Modus des Zweifels, der Möglichkeit, des Wunsches, der Subjektivität und der Unsicherheit dar.

B1 3.1 Der Konjunktiv Präsens

Formen

☼ Die Singularformen des Konjunktiv Präsens (Congiuntivo presente) unterscheiden sich innerhalb einer Konjugation nicht. Deswegen werden zur Verdeutlichung im Singular die Subjektpronomen verwendet, ohne dass eine besondere Betonung vorliegt. Die Verben auf **-ere** und **-ire** haben identische Endungen. Die Endungen der 1. und 2. Person Plural sind in allen Konjugationen gleich.

> Grammatik

chiamare	prendere	dormire	capire
(an)rufen	nehmen	schlafen	verstehen
chiami	prenda	dorma	capisca
chiami	prenda	dorma	capisca
chiami	prenda	dorma	capisca
chiamiamo	prendiamo	dormiamo	capiamo
chiamiate	prendiate	dormiate	capiate
chiamino	prendano	dormano	capiscano

ℹ️ Alle Verben, die im Indikativ Präsens Besonderheiten aufweisen, haben diese auch im Konjunktiv: Verben auf -ire mit Stammerweiterung -isc, Verben auf -care, -gare etc. Die unregelmäßigen Verben bilden den Konjunktiv Präsens mit demselben Verbstamm wie den Indikativ, z. B. dire *sagen*: (io) dic-o ➡ (io) dic-a.

3.2 Der Konjunktiv der Vergangenheit

Formen

☀ Im Konjunktiv Imperfekt (Congiuntivo imperfetto) haben alle drei Konjugationen dieselben Endungen. Sie unterscheiden sich nur im auslautenden Vokal ihres Stammes.

chiamare *(an)rufen*	prendere *nehmen*	dormire *schlafen*
chiamassi	prendessi	dormissi
chiamassi	prendessi	dormissi
chiamasse	prendesse	dormisse
chiamassimo	prendessimo	dormissimo
chiamaste	prendeste	dormiste
chiamassero	prendessero	dormissero

🔊 Unregelmäßige Formen hat das Hilfsverb essere *sein*, avere *haben* hingegen ist regelmäßig. Bei den Verben dare *geben* und stare *stehen* wird der Vokal -a in allen Personen zu -e abgeschwächt.

Der Konjunktiv Perfekt (Congiuntivo passato) sowie der Konjunktiv Plusquamperfekt (Congiuntivo trapassato) setzen sich aus dem Hilfsverb essere bzw. avere im Konjunktiv und dem Partizip Perfekt zusammen. Das Partizip bei essere passt sich in Numerus und Genus an das Subjekt an.

Grammatik

- Konjunktiv Perfekt:
  Konjunktiv Präsens von essere/avere + Partizip Perfekt
  → sia andato/-a, abbiate venduto, abbiano dormito
- Konjunktiv Plusquamperfekt:
  Konjunktiv Imperfekt von essere/avere + Partizip Perfekt
  → fossi andato/-a, aveste venduto, abbiano dormito

Gebrauch

Relativ selten wird der Konjunktiv im Hauptsatz verwendet:
- in Aufforderungen oder Wünschen (▷ ④):
  Venga pure! *Kommen Sie ruhig!*
  Andiamo! *Gehen wir!*
- in zweifelnden Fragen (Konj. Präsens oder Perfekt):
  Perché non mi ha chiamato? Che **sia** (stato) malato? *Warum hat er mich nicht angerufen? Ob er wohl krank (gewesen) ist?*
- in Ausrufen, die nicht erfüllbare Wünsche enthalten (Konj. Imp. oder Plusqu.):
  Non ti **avessi** mai **conosciuto**! *Hätte ich dich doch nie kennengelernt!*
  Sapessi almeno la verità! *Wüsste ich wenigstens die Wahrheit!*

Weitaus gebräuchlicher ist der Konjunktiv im Nebensatz. Die Zeit des Verbs richtet sich hierbei nach der Zeit des Hauptsatzverbs. Der Konjunktiv steht:
- nach Verben des Glaubens und Meinens, wie z. B. **pensare** *denken*, **credere** *glauben*, **ritenere** *halten für*, **sembrare** *scheinen*, **parere** *scheinen*, **supporre** *annehmen*:
  Penso che **sia stato** possibile. *Ich denke, dass es möglich war.*
  Mi sembra che **piova**. *Es scheint mir zu regnen.*
- nach Verben der Gefühlsäußerung und der Hoffnung, wie z. B. **temere** *fürchten*, **essere contenti** *zufrieden sein*, **sperare** *hoffen*, **rallegrarsi** *sich freuen*:
  Sono contento che tua madre **stia** meglio. *Ich bin froh, dass es deiner Mutter besser geht.*
- nach Verben des Zweifelns und der Unsicherheit, wie z. B. **non essere sicuri/certi** *nicht sicher sein*, **dubitare** *zweifeln*, **non sapere** *nicht wissen*:
  Dubito che lui **capisca**. *Ich bezweifle, dass er (es) versteht.*
- nach Verben des Wollens und Wünschens, wie z. B. **volere** *wollen*, **esigere** *verlangen*, **desiderare** *wünschen*, **preferire** *vorziehen*:
  Voglio che tu mi **dica** tutto. *Ich will, dass du mir alles sagst.*
- nach unpersönlichen Ausdrücken, die eine Notwendigkeit, (Un-)Möglichkeit oder Wahrscheinlichkeit bezeichnen, wie z. B. **occorre/bisogna/è necessario** *es ist nötig*, **è (im)possibile** *es ist (un)möglich*, **è (im)probabile** *es ist (un)wahrscheinlich*:
  È possibile che **vengano** a trovarci. *Möglicherweise kommen sie uns besuchen.*

Grammatik

- obligatorisch nach bestimmten Konjunktionen:
  Benché io **fossi** stanca, mi sono alzata. *Obwohl ich müde war, stand ich auf.*
- in Relativsätzen, die einen Wunsch oder eine Forderung ausdrücken:
  Cerco una ragazza alla pari che **sappia** l'italiano. *Ich suche ein Au-pair-Mädchen, das Italienisch spricht.*
- im Bedingungssatz zum Ausdruck einer irrealen Handlung der Gegenwart (Konj. Imp.) oder der Vergangenheit (Konj. Plusqu.). Im Hauptsatz steht der Konditional (▷ 2.4):
  Se lo **sapessi**, mi sentirei meglio. *Wenn ich es wüsste, fühlte ich mich besser.*
  Se l'**avessi saputo**, non sarei venuto. *Wenn ich das gewusst hätte, wäre ich nicht gekommen.*
- in Vergleichssätzen mit Komparativ nach di quanto *wie*:
  La situazione era meno grave di quanto **pensassi**. *Die Lage sah nicht so schlecht aus, wie ich dachte.*
- nach einigen Indefinitpronomen und -adjektiven, die wie Konjunktionen verwendet werden, z. B. chiunque *wer auch immer*, qualunque/qualsiasi *was (wer) auch immer*, comunque *wie auch immer*, ovunque *wohin auch immer*:
  Mi segue ovunque (io) **vada**. *Er folgt mir, wo auch immer ich hingehe.*

⚡ Haben Haupt- und Nebensatz das gleiche Subjekt, ersetzt man den konjunktivischen Nebensatz (meist mit che eingeleitet) durch di + Infinitiv (▷ ⑤):
Penso **di partire** presto. *Ich glaube, ich fahre bald.*

Steht der Nebensatz im Konjunktiv, ist die folgende Zeitenfolge zu beachten:

Hauptsatz	Nebensatz
Präsens **Credo** *Ich glaube,*	• Vorzeitigkeit (früher, gestern etc.): **Konj. Perfekt** **che sia tornato ieri.** *dass er gestern zurückgekommen ist.* • Gleichzeitigkeit (jetzt, heute etc.): **Konj. Präsens** **che torni oggi.** *dass er heute zurückkommt.* • Nachzeitigkeit (später, morgen etc.): **Konj. Präsens, Futur I** **che torni/tornerà domani.** *dass er morgen zurückkommen wird.*
Imperfekt/Perfekt/ hist. Perfekt **Credevo/ho creduto/credetti** *Ich glaubte/ habe geglaubt,*	• Vorzeitigkeit: **Konj. Plusquamperfekt** **che fosse tornato il giorno prima.** *dass er tags zuvor zurückgekommen wäre.* • Gleichzeitigkeit: **Konj. Imperfekt** **che tornasse.** *dass er zurückkäme.* • Nachzeitigkeit: **Konditional II (Konj. Imp.)** **che sarebbe tornato (tornasse) il giorno dopo.** *dass er tags darauf zurückkommen würde.*

Steht im Hauptsatz der Konditional I, folgt das Verb im Nebensatz zum Ausdruck der Gleich- und Nachzeitigkeit meist im Konjunktiv Imperfekt, bei Vorzeitigkeit im Konjunktiv Plusquamperfekt:
Vorrei che tu **fossi (stato)** qui. *Ich wollte, du wärest hier (gewesen).*

Der Imperativ

Formen

☼ Der Imperativ entspricht in der 2. Person Singular und der 2. Person Plural dem Präsens in diesen Personen – mit Ausnahme der Verben auf **-are** in der 2. Person Singular. In der Höflichkeitsform sowie bei Aufforderungen in der 1. und 3. Person Plural verwendet man den Konjunktiv Präsens. Alle Verben, die im Indikativ Präsens Besonderheiten aufweisen, haben diese auch im Imperativ.

	chiamare *(an)rufen*	**prendere** *nehmen*	**dormire** *schlafen*	**capire** *verstehen*
(tu)	chiama	prendi	dormi	capisci
(Lei)	chiami	prenda	dorma	capisca
(noi)	chiamiamo	prendiamo	dormiamo	capiamo
(voi)	chiamate	prendete	dormite	capite
(loro)	chiamino	prendano	dormano	capiscano

Vieni qua! *Komm her!* **Entri pure!** *Treten Sie ruhig ein!* **Andiamo!** *Gehen wir!* **Dormite bene!** *Schlaft gut!*

ⓘ Die Formen der 3. Person Plural werden nur sehr selten gebraucht.

▶ Einige Verben haben, z. T. neben einer regelmäßigen Form, in der 2. Person Singular eine verkürzte oder unregelmäßige Imperativform:

avere *haben* → abbi	essere *sein* → sii
dire *sagen* → di'	fare *tun* → fai/fa'
andare *gehen* → vai/va'	dare *geben* → dai/da'
stare *stehen* → stai/sta'	sapere *wissen* → sappi

Die Verneinung des Imperativs der 2. Person Singular wird mit **non** + Infinitiv Präsens ausgedrückt. Bei allen anderen Personen wird die normale Imperativform durch **non** verneint:
Non piangere! *Weine nicht!*
Non parlate! *Sprecht nicht!*

5 Der Infinitiv

Formen

☼ Im Infinitiv Präsens lauten die regelmäßigen Endungen **-are/-ere/-ire**:
andare *gehen*, **prendere** *nehmen*, **dormire** *schlafen*.

⚡ Einige Verben bilden durch Kontraktion der ursprünglichen lateinischen Endung eine unregelmäßige Infinitivform, z. B. **fare** *tun*, **proporre** *vorschlagen* usw.

Der Endvokal **-e** kann in bestimmten Wendungen entfallen, z. B. wenn auf den Infinitiv ein Objekt folgt: **aver voglia** *Lust haben*. Er entfällt auch bei reflexiven Verben, die das Reflexivpronomen an den Infinitiv anhängen: **lavarsi** *sich waschen*.

Der Infinitiv Perfekt wird mit **essere** oder **avere** und dem Partizip Perfekt gebildet:
avere chiamato *gerufen haben*, **essere rimasto/-a/-i/-e** *geblieben sein*.

Gebrauch

Der Infinitiv wird entweder ohne Präposition verwendet oder mit bestimmten Präpositionen angeschlossen.
Der reine Infinitiv Präsens wird verwendet:
- als Subjekt oder Objekt:
  Dire è più facile che fare. *Leichter gesagt als getan.*
- in allgemeinen Anweisungen und mit **non** als verneinter Imperativ (▷):
  Tagliare i pomodori, ... *Tomaten schneiden, ...*
  Non glielo dire! *Sag es ihm/ihr/ihnen nicht!*
- in Ausrufen mit **che** *wie*:
  Che bello sentirti! *Schön, dich zu hören!*
- in verkürzten Sätzen:
  Non so che fare. *Ich weiß nicht, was tun.*
- nach unpersönlichen Verben und Ausdrücken wie **basta** *es genügt*, **mi piace** *es gefällt mir/ich mag*, **è difficile** *es ist schwierig*, **bisogna** *es ist nötig/man muss* usw.:
  Bisogna vedere per credere. *Das muss man sehen, um es zu glauben.*
- nach Modalverben und Verben, die wie solche verwendet werden:
  Devo andare dal medico. *Ich muss zum Arzt gehen.*
- nach Verben der Wahrnehmung wie **sentire** *hören*, **vedere** *sehen* usw.:
  Sento bussare qualcuno. *Ich höre jemanden klopfen.*
- nach **desiderare** *wünschen* und **preferire** *vorziehen*:
  Preferirei andare in America. *Ich möchte lieber nach Amerika fahren.*

Mit der Präposition **di** (dt. meist *zu*) wird der Infinitiv angeschlossen:
- nach einer Vielzahl von Verben, z. B. **cercare** *versuchen*, **chiedere** *bitten/fragen*, **dimenticare** *vergessen*, **ricordarsi** *sich erinnern*, **smettere** *aufhören* usw.:
  Hai smesso di fumare? *Hast du aufgehört zu rauchen?*

Grammatik

- nach festen Wendungen aus **avere** + Substantiv, z. B. **avere bisogno** *brauchen*, **A2** **avere paura** *Angst haben*, **A2** **avere voglia** *Lust haben* usw.:
  Hai voglia di fare una passeggiata? *Hast du Lust, spazieren zu gehen?*
- nach **essere** + Adjektiv, z. B. **essere contento/felice** *froh sein* usw.:
  Sono contenta di vederti. *Ich bin froh, dich zu sehen.*
- als Ersatz für einen Nebensatz mit **che** + Konjunktiv (▶ 3.1):
  Credo di farcela. *Ich glaube, ich schaffe es.*

Mit der Präposition **a** wird der Infinitiv meist zum Ausdruck des Zweckes angeschlossen. Er steht:
- nach Verben der Bewegung wie **andare** *gehen*, **venire** *kommen* usw.:
  Vado a fare la spesa. *Ich gehe einkaufen.*
- nach bestimmten Verben, wie z. B. **aiutare** *helfen*, **imparare** *lernen*, **rimanere** *bleiben*, **A2** **cominciare** *beginnen*, **B1** **riuscire** *gelingen* usw.:
  Comincio a lavorare alle 8. *Ich fange um 8 Uhr an zu arbeiten.*
- nach einigen Adjektiven mit **essere**, wie z. B. **A2** **essere pronto** *fertig sein*, **B1** **essere adatto** *geeignet sein*, **B2** **essere disposto** *bereit sein*:
  Alessandro è disposto a farlo. *Alessandro ist bereit, es zu tun.*

B1
- als Ersatzkonstruktion für einen Nebensatz mit **se** *wenn* oder einen Relativsatz, wenn die Subjekte übereinstimmen:
  A pensarci bene (= Se ci penso bene) non ho voglia di andare al cinema. *Wenn ich genau darüber nachdenke, habe ich keine Lust, ins Kino zu gehen.*
  È l'unico a saperlo. *Er ist der Einzige, der es weiß.*

A2 Mit der Präposition **da** (dt. meist *zu*) wird der Infinitiv meist dann angeschlossen, wenn er den Zweck oder die Folge ausdrückt. Er steht:
- nach bestimmten Substantiven: **la macchina da scrivere** *die Schreibmaschine*
- nach den Pronomen **qualcosa** *etwas*, **niente** *nichts*, **molto** *viel*, **poco** *wenig*, **tanto** *so viel*, **che cosa** *was*:
  Vorrei qualcosa da mangiare. *Ich möchte etwas zu essen.*
- nach **essere**:
  Era da firmare. *Das war zu unterschreiben.*

B1
- nach **avere** in der Bedeutung *müssen*:
  Ho da fare. *Ich habe zu tun.*
- als Ersatz für einen Folgesatz nach **così/tanto** *so (sehr)* bei Subjektgleichheit:
  Era così stanco da addormentarsi subito. *Er war so müde, dass er sofort einschlief.*

B2 ☼ Der Infinitiv Perfekt wird in der Regel verwendet, um einen Nebensatz mit demselben Subjekt wie im Hauptsatz zu ersetzen, dessen Handlung vor der des Hauptsatzes geschehen ist. Er wird wie der Infinitiv Präsens angeschlossen:
Non penso di avere già incontrato Matteo. *Ich denke nicht, dass ich Matteo schon getroffen habe.*

(6) Das Partizip

6.1 Das Partizip Perfekt

Formen
☼ Das Partizip Perfekt wird gebildet, indem anstelle der Infinitivendung je nach Konjugation die Partizipendung **-ato**, **-uto** bzw. **-ito** angehängt wird:

-are	→	-ato	chiamare	→	chi**amato** *gerufen*
-ere	→	-uto	vendere	→	vend**uto** *verkauft*
-ire	→	-ito	partire	→	part**ito** *abgefahren*

Das Hilfsverb **essere** *sein* hat dasselbe Partizip Perfekt wie **stare** *stehen*: **stato**. Das Hilfsverb **avere** *haben* bildet das Partizip Perfekt regelmäßig: **avuto**.

⚡ Zahlreiche Verben (vor allem auf **-ere**) bilden das Partizip Perfekt unregelmäßig. Die häufigsten Endungen sind **-so**, **-to** und **-sto**:

prendere	→	pre**so** *genommen*
chiedere	→	chie**sto** *gefragt*
aprire	→	aper**to** *geöffnet*

Gebrauch
Wichtigste und häufigste Verwendung findet das Partizip Perfekt mit den Hilfsverben in den zusammengesetzten Zeiten sowie im Passiv (▷ (8)):
Ho scritto una lettera. *Ich habe einen Brief geschrieben.*

Das Partizip Perfekt kann auch als Adjektiv verwendet werden:
l'anno **scorso** *vergangenes Jahr*.

In der Schriftsprache ersetzt das Partizip (ohne Hilfsverb verwendet):
- einen Relativsatz:
  La lettera **ricevuta** (= che ho ricevuto) ieri, mi ha fatto piacere. *Der Brief, den ich gestern erhalten habe, hat mich erfreut.*
- einen temporalen Nebensatz (eingeleitet mit **appena** *sobald*, **dopo che** *nachdem*, **quando** *als*). Das Partizip eines transitiven Verbs richtet sich nach seinem Objekt, das eines intransitiven Verbs nach dem Subjekt:
  Ricevuta la lettera, mi ha chiamato subito. *Sobald er/sie den Brief erhalten hatte, rief er/sie mich sofort an.*
  Tornati a casa, **abbiamo** mangiato. *Nachdem wir nach Hause zurückgekommen waren, haben wir gegessen.*

Grammatik

 ## 6.2 Das Partizip Präsens

Formen
💡 Das Partizip Präsens bildet man mithilfe der Endungen **-ante** bzw. **-ente**:

-are	➡	-ante	ballare	➡	ball**ante** *tanzend*
-ere	➡	-ente	ridere	➡	rid**ente** *lachend*
-ire	➡	-ente	seguire	➡	segu**ente** *folgend*

Gebrauch
Das Partizip Präsens wird relativ selten verwendet. Meist steht es:
- in Funktion eines Adjektivs oder substantiviert, z. B. **corrente** *fließend/geläufig*, la **corrente** *der Strom*, **pesante** *schwer*, l'**insegnante** *der Lehrer*
- als Ersatz eines Relativsatzes:
  Le domande riguardanti (= che riguardano) **questo problema** … *Die Fragen, die dieses Problem betreffen, …*

 ## 7 Das Gerund

Formen
💡 Das Gerund der Gegenwart bildet man, indem die Infinitivendung durch die Endung **-ando** bzw. **-endo** ersetzt wird. Es ist unveränderlich:

-are	➡	-ando	guardare *sehen*	➡	guard**ando**
-ere	➡	-endo	leggere *lesen*	➡	legg**endo**
-ire	➡	-endo	sentire *hören*	➡	sent**endo**

💡 Das Gerund der Vergangenheit wird mit dem Gerund der Gegenwart von **avere** *haben* oder **essere** *sein* und dem Partizip Perfekt des Verbs gebildet. Bei dem mit **essendo** gebildeten Gerund wird das Partizip angeglichen:

avendo letto	essendo rimast**o/-a/-i/-e**

Gebrauch
Das Gerund der Gegenwart bezeichnet eine Handlung, die zur gleichen Zeit wie die Haupthandlung stattfindet. Sind die beiden Subjekte identisch, kann das Gerund einen Nebensatz ersetzen, der
- das zeitliche Verhältnis bezeichnet (temporal):
  Apprendendo quella notizia, sono rimasta molto sorpresa. *Als ich diese Nachricht erhielt, war ich sehr überrascht.*

> **Grammatik**

- den Grund angibt (kausal):
  Lavorando molto, ho poco tempo libero. *Da ich viel arbeite, habe ich wenig Freizeit.*
- die Art und Weise beschreibt (modal):
  Paola si rilassa **ascoltando** musica. *Paola entspannt sich, indem sie Musik hört.*
- eine Bedingung angibt (konditional):
  Lavorando meno, non saresti sempre così stanco. *Wenn du weniger arbeiten würdest, wärst du nicht immer so müde.*
- in Verbindung mit pure *obwohl* eine Einschränkung bezeichnet (konzessiv):
  Pur **essendo** malato, va a lavorare. *Obwohl er krank ist, geht er arbeiten.*

Eine Handlung, die im Augenblick des Sprechens geschieht, wird mit stare + Gerund beschrieben:
Che **stai facendo**? *Was machst du (gerade)?*

Das Gerund der Vergangenheit drückt eine vorausgehende Handlung aus; es ersetzt wie das Gerund der Gegenwart einen Nebensatz (meist kausal/temporal):
Essendo arrivata in ritardo, non ha visto l'inizio del film. *Da sie zu spät gekommen war, hat sie den Anfang des Films nicht gesehen.*

8 Das Passiv   B2

Formen und Gebrauch
Das Passiv gibt es in allen Zeiten und Modi. Es wird folgendermaßen gebildet:

> essere/venire + Partizip Perfekt

💡 In den zusammengesetzten Zeiten verwendet man stets essere *sein*. Während venire eher den Handlungsvorgang in den Vordergrund stellt, kann essere auch zum Ausdruck eines Zustands verwendet werden. Das Partizip wird in Numerus und Genus an das Subjekt angeglichen:
La finestra **viene/è** aperta. *Das Fenster wird geöffnet.*

ℹ️ Wie im Deutschen können nur transitive Verben ein Passiv bilden. Das direkte Objekt im Aktivsatz wird dann zum Subjekt des Passivsatzes. Die handelnde Person bzw. die Handlungsursache (das Subjekt des Aktivsatzes) wird mit da angeschlossen:
Maria **viene/è invitata dalla** vicina. *Maria wird/ist von der Nachbarin eingeladen.*

Das Passiv der Modalverben potere *können* und dovere *müssen/sollen* wird wie im Deutschen mit der Aktivform des Modalverbs + Infinitiv Perfekt gebildet:
La lettera **deve essere scritta** subito. *Der Brief muss sofort geschrieben werden.*

Hilfsverb

 **essere** *sein*

Musterkonjugation; Hilfsverb

Indicativo

Presente
sono
sei
è
siamo
siete
sono

Passato prossimo
sono stato
sei stato
è stato
siamo stati
siete stati
sono stati

Imperfetto
ero
eri
era
eravamo
eravate
erano

Trapassato prossimo
ero stato
eri stato
era stato
eravamo stati
eravate stati
erano stati

Passato remoto
fui
fosti
fu
fummo
foste
furono

Trapassato remoto
fui stato
fosti stato
fu stato
fummo stati
foste stati
furono stati

Futuro semplice
sarò
sarai
sarà
saremo
sarete
saranno

Futuro composto
sarò stato
sarai stato
sarà stato
saremo stati
sarete stati
saranno stati

Congiuntivo

Presente
sia
sia
sia
siamo
siate
siano

Imperfetto
fossi
fossi
fosse
fossimo
foste
fossero

Passato
sia stato
sia stato
sia stato
siamo stati
siate stati
siano stati

Trapassato
fossi stato
fossi stato
fosse stato
fossimo stati
foste stati
fossero stati

Condizionale

Semplice
sarei
saresti
sarebbe
saremmo
sareste
sarebbero

Composto
sarei stato
saresti stato
sarebbe stato
saremmo stati
sareste stati
sarebbero stati

Imperativo
(tu) sii
(Lei) sia
(noi) siamo
(voi) siate
(loro) siano

Infinito passato
essere stato

Participio

Presente
essente

Passato
stato

Gerundio

Presente
essendo

Passato
essendo stato

essere *sein*

 Anwendungsbeispiele
Non **sono di** quì. *Ich bin nicht von hier.*
Milano **è** la capitale della Lombardia. *Mailand ist die Hauptstadt der Lombardei.*
Questo romanzo **fu** una delle sue ultime opere. *Dieser Roman war eines seiner/ihrer letzten Werke.*
Se tu **fossi stato al** mio posto, che cosa avresti fatto? *Wenn du an meiner Stelle gewesen wärst, was hättest du gemacht?*
Che ora **è**?/Che ore **sono**? *Wie spät ist es?*
Quant'**è**? (umgs.) *Was kostet das?*
Qui **c'è** molto traffico. *Hier ist/gibt es viel Verkehr.*
C'era una volta ... *Es war einmal ...*
In tutta la casa **c'è odore** di rose. *Im ganzen Haus riecht es nach Rosen.*

 Redewendungen
essere **bello/freddo** *schön/kalt sein*
essere **di Roma** *aus Rom kommen/sein*
essere **di qu.** *jdm. gehören*
essere **per qu.** *für jdn. sein*

 Ähnliche Verben
esistere *sein, existieren*
trovarsi *sich befinden*
aver luogo *stattfinden*

 Gebrauch
Am häufigsten wird essere als Hilfsverb zur Bildung der zusammengesetzten Zeiten verwendet, z. B. wenn das Verb reflexiv ist oder kein direktes Objekt hat. Beachten Sie, dass dabei das Participio passato in Numerus und Genus an das Subjekt angeglichen werden muss (▷ Grammatik rund ums Verb, **1.2**):
Maria **è andata** a casa. *Maria ist nach Hause gegangen.*

 Tipps & Tricks
Weitere Informationen zum Gebrauch des Hilfsverbs essere finden Sie in der Grammatik rund ums Verb (▷ **1.2**).

Hilfsverb

② avere *haben*

Musterkonjugation; Hilfsverb

Indicativo

Presente
- ho
- hai
- ha
- abbiamo
- avete
- hanno

Passato prossimo
- ho avuto
- hai avuto
- ha avuto
- abbiamo avuto
- avete avuto
- hanno avuto

Imperfetto
- avevo
- avevi
- aveva
- avevamo
- avevate
- avevano

Trapassato prossimo
- avevo avuto
- avevi avuto
- aveva avuto
- avevamo avuto
- avevate avuto
- avevano avuto

Passato remoto
- ebbi
- avesti
- ebbe
- avemmo
- aveste
- ebbero

Trapassato remoto
- ebbi avuto
- avesti avuto
- ebbe avuto
- avemmo avuto
- aveste avuto
- ebbero avuto

Futuro semplice
- avrò
- avrai
- avrà
- avremo
- avrete
- avranno

Futuro composto
- avrò avuto
- avrai avuto
- avrà avuto
- avremo avuto
- avrete avuto
- avranno avuto

Congiuntivo

Presente
- abbia
- abbia
- abbia
- abbiamo
- abbiate
- abbiano

Imperfetto
- avessi
- avessi
- avesse
- avessimo
- aveste
- avessero

Passato
- abbia avuto
- abbia avuto
- abbia avuto
- abbiamo avuto
- abbiate avuto
- abbiano avuto

Trapassato
- avessi avuto
- avessi avuto
- avesse avuto
- avessimo avuto
- aveste avuto
- avessero avuto

Condizionale

Semplice
- avrei
- avresti
- avrebbe
- avremmo
- avreste
- avrebbero

Composto
- avrei avuto
- avresti avuto
- avrebbe avuto
- avremmo avuto
- avreste avuto
- avrebbero avuto

Imperativo
- (tu) abbi
- (Lei) abbia
- (noi) abbiamo
- (voi) abbiate
- (loro) abbiano

Infinito passato
avere avuto

Participio

Presente
avente

Passato
avuto

Gerundio

Presente
avendo

Passato
avendo avuto

avere *haben*

 Anwendungsbeispiele
Quanti anni **hai**? *Wie alt bist du?*
Quanti ne **abbiamo** oggi? *Der Wievielte ist heute?*
Aveva i tuoi stessi occhi. *Er/Sie hatte die gleichen Augen wie du.*
Se non **avessi** tanto da fare, verrei volentieri. *Wenn ich nicht so viel zu tun hätte, käme ich gern.*
Abbia pazienza, per favore! *Haben Sie bitte Geduld!*

 Redewendungen
avere fame/sete *Hunger/Durst haben*
avere mal di gola/testa *Hals-/Kopfschmerzen haben*
avere tempo *Zeit haben*
avere 30 anni *30 Jahre alt sein*
avere un bambino *ein Kind bekommen*
avere con sé *bei sich haben*
avere da fare/lavorare *zu tun/arbeiten haben*
avere a che fare con qu. *mit jdm. zu tun haben*
non avere nulla in contrario *nichts dagegen haben*
avercela con qu. (umgs.) *auf jdn. böse sein*

 Ähnliche Verben
possedere *besitzen*
ricevere *erhalten*
riavere (riò, riai, rià usw.) *wiederbekommen, wiedererlangen*

 Gebrauch
Mit dem Hilfsverb **avere** bildet man die zusammengesetzten Zeiten der transitiven Verben (das sind Verben, die ein direktes Objekt haben). Das Participio passato wird nur dann in Numerus und Genus an das Objekt angeglichen, wenn dieses dem Verb vorausgeht:
Maria ha letto la rivista. *Maria hat die Zeitschrift gelesen.*
Maria l'ha letta. *Maria hat sie gelesen.*

 Tipps & Tricks
Näheres zum Gebrauch des Hilfsverbs **avere** finden Sie in der Grammatik rund ums Verb (▶ 1.2).

Reflexives Verb

③ lavarsi *sich waschen*

Musterkonjugation; Reflexives Verb

Indicativo

Presente
- mi lavo
- ti lavi
- si lava
- ci laviamo
- vi lavate
- si lavano

Passato prossimo
- mi sono lavato
- ti sei lavato
- si è lavato
- ci siamo lavati
- vi siete lavati
- si sono lavati

Imperfetto
- mi lavavo
- ti lavavi
- si lavava
- ci lavavamo
- vi lavavate
- si lavavano

Trapassato prossimo
- mi ero lavato
- ti eri lavato
- si era lavato
- ci eravamo lavati
- vi eravate lavati
- si erano lavati

Passato remoto
- mi lavai
- ti lavasti
- si lavò
- ci lavammo
- vi lavaste
- si lavarono

Trapassato remoto
- mi fui lavato
- ti fosti lavato
- si fu lavato
- ci fummo lavati
- vi foste lavati
- si furono lavati

Futuro semplice
- mi laverò
- ti laverai
- si laverà
- ci laveremo
- vi laverete
- si laveranno

Futuro composto
- mi sarò lavato
- ti sarai lavato
- si sarà lavato
- ci saremo lavati
- vi sarete lavati
- si saranno lavati

Congiuntivo

Presente
- mi lavi
- ti lavi
- si lavi
- ci laviamo
- vi laviate
- si lavino

Imperfetto
- mi lavassi
- ti lavassi
- si lavasse
- ci lavassimo
- vi lavaste
- si lavassero

Passato
- mi sia lavato
- ti sia lavato
- si sia lavato
- ci siamo lavati
- vi siate lavati
- si siano lavati

Trapassato
- mi fossi lavato
- ti fossi lavato
- si fosse lavato
- ci fossimo lavati
- vi foste lavati
- si fossero lavati

Condizionale

Semplice
- mi laverei
- ti laveresti
- si laverebbe
- ci laveremmo
- vi lavereste
- si laverebbero

Composto
- mi sarei lavato
- ti saresti lavato
- si sarebbe lavato
- ci saremmo lavati
- vi sareste lavati
- si sarebbero lavati

Imperativo
- lavati
- si lavi
- laviamoci
- lavatevi
- si lavino

Infinito passato
- essersi lavato

Participio

Presente
lavantesi

Passato
lavatosi

Gerundio

Presente
lavandosi

Passato
essendosi lavato

lavarsi *sich waschen*

 Anwendungsbeispiele
Mi lavo ogni mattina. *Ich wasche mich jeden Morgen.*
Ti sei già **lavato** le mani? *Hast du dir schon die Hände gewaschen?*
Non **si lavavano** quasi mai. *Sie wuschen sich fast nie.*
Lavatevi con acqua e sapone! *Wascht euch mit Wasser und Seife!*

 Redewendungen
lavarsi le mani/i piedi/i capelli *sich die Hände/Füße/Haare waschen*
lavarsi i denti *sich die Zähne putzen*
lavarsene le mani *seine Hände in Unschuld waschen*
lavarsi come i gatti *Katzenwäsche machen*

 Ähnliche Verben
pulirsi *sich reinigen, sich putzen*

 Aufgepasst!
Reflexive Verben werden stets von einem Reflexivpronomen begleitet, das dem konjugierten Verb vorangeht:
Gina si lava. *Gina wäscht sich.*
Abweichend davon wird das Reflexivpronomen an den Infinito, das Gerundio und den bejahten Imperativo der 2. Person Singular sowie der 1. und 2. Person Plural angehängt:
Le ho detto di lavarsi. *Ich habe ihr gesagt, sie solle sich waschen.*
Lavandosi i denti ... *Beim Zähneputzen/Durch das Putzen der Zähne ...*
Laviamoci! *Waschen wir uns!*

Reflexive Verben bilden die zusammengesetzten Zeiten in der Regel mit dem Hilfsverb **essere** *sein*, das Participio passato richtet sich in Numerus und Genus nach dem Subjekt:
Gina si è lavata. *Gina hat sich gewaschen.*
Näheres hierzu finden Sie in der Grammatik rund ums Verb (▷ **1.4**).

 Tipps & Tricks
Denken Sie daran, dass manche Verben bei reflexivem Gebrauch ihre Bedeutung ändern! Beispiele hierfür sind: **chiamare** *rufen* – **chiamarsi** *heißen*, **alzare** *hochheben* – **alzarsi** *aufstehen*, **svegliare** *wecken* – **svegliarsi** *aufwachen*.

essere invitato — *eingeladen werden/sein*

Musterkonjugation; Passiv

Indicativo

Presente
- sono invitato
- sei invitato
- è invitato
- siamo invitati
- siete invitati
- sono invitati

Passato prossimo
- sono stato invitato
- sei stato invitato
- è stato invitato
- siamo stati invitati
- siete stati invitati
- sono stati invitati

Imperfetto
- ero invitato
- eri invitato
- era invitato
- eravamo invitati
- eravate invitati
- erano invitati

Trapassato prossimo
- ero stato invitato
- eri stato invitato
- era stato invitato
- eravamo stati invitati
- eravate stati invitati
- erano stati invitati

Passato remoto
- fui invitato
- fosti invitato
- fu invitato
- fummo invitati
- foste invitati
- furono invitati

Trapassato remoto
- fui stato invitato
- fosti stato invitato
- fu stato invitato
- fummo stati invitati
- foste stati invitati
- furono stati invitati

Futuro semplice
- sarò invitato
- sarai invitato
- sarà invitato
- saremo invitati
- sarete invitati
- saranno invitati

Futuro composto
- sarò stato invitato
- sarai stato invitato
- sarà stato invitato
- saremo stati invitati
- sarete stati invitati
- saranno stati invitati

Congiuntivo

Presente
- sia invitato
- sia invitato
- sia invitato
- siamo invitati
- siate invitati
- siano invitati

Imperfetto
- fossi invitato
- fossi invitato
- fosse invitato
- fossimo invitati
- foste invitati
- fossero invitati

Passato
- sia stato invitato
- sia stato invitato
- sia stato invitato
- siamo stati invitati
- siate stati invitati
- siano stati invitati

Trapassato
- fossi stato invitato
- fossi stato invitato
- fosse stato invitato
- fossimo stati invitati
- foste stati invitati
- fossero stati invitati

Condizionale

Semplice
- sarei invitato
- saresti invitato
- sarebbe invitato
- saremmo invitati
- sareste invitati
- sarebbero invitati

Composto
- sarei stato invitato
- saresti stato invitato
- sarebbe stato invitato
- saremmo stati invitati
- sareste stati invitati
- sarebbero stati invitati

Imperativo
- (tu) sii invitato
- (Lei) sia invitato
- (noi) siamo invitati
- (voi) siate invitati
- (loro) siano invitati

Infinito passato
essere stato invitato

Participio

Presente
essente invitato

Passato
stato invitato

Gerundio

Presente
essendo invitato

Passato
essendo stato invitato

essere invitato *eingeladen werden/sein*

 Anwendungsbeispiele
Sono invitato alla festa di nozze di Maria. *Ich bin zu Marias Hochzeit eingeladen.*
È stata invitata a cena **da** Livio. *Sie ist von Livio zum Abendessen eingeladen worden.*
La prossima volta **sarete invitati** anche voi. *Das nächste Mal werdet auch ihr eingeladen sein.*
Non **fossimo stati invitati**! *Wären wir doch nicht eingeladen worden!*

 Redewendungen
essere invitato a cena *zum Abendessen eingeladen sein*
essere invitato ad una festa *zu einem Fest eingeladen sein*
essere invitato a ballare *zum Tanzen aufgefordert werden*
essere invitato a presentarsi *aufgefordert werden, zu erscheinen*

 Ähnliche Verben
venire invitato *eingeladen werden*

 Gebrauch
Das Passiv wird mit **essere** *sein* oder **venire** und dem Participio passato gebildet, wobei in den zusammengesetzten Zeiten stets **essere** gebraucht wird (▷ Grammatik rund ums Verb, ⑧). In beiden Fällen wird das Participio in Numerus und Genus an das Subjekt angeglichen.

Die Bedeutungsunterschiede zwischen **essere** und **venire** sind gering. Beim Passiv mit **essere** wird eher der Zustand betont, während bei der Verwendung von **venire** die Handlung in den Vordergrund rückt:

Maria **è invitata**.	Maria **viene invitata**.
Maria ist/wird eingeladen.	*Maria wird eingeladen.*
Il film **sarà trasmesso** domani.	Il film **verrà trasmesso** domani.
Der Film wird morgen ausgestrahlt.	*Der Film wird morgen ausgestrahlt.*

1. Konjugation

 comprare *kaufen*

Musterkonjugation;
Regelmäßiges Verb der 1. Konjugation auf **-are**

Indicativo

Presente
compro
compri
compra
compriamo
comprate
comprano

Passato prossimo
ho comprato
hai comprato
ha comprato
abbiamo comprato
avete comprato
hanno comprato

Imperfetto
compravo
compravi
comprava
compravamo
compravate
compravano

Trapassato prossimo
avevo comprato
avevi comprato
aveva comprato
avevamo comprato
avevate comprato
avevano comprato

Passato remoto
comprai
comprasti
comprò
comprammo
compraste
comprarono

Trapassato remoto
ebbi comprato
avesti comprato
ebbe comprato
avemmo comprato
aveste comprato
ebbero comprato

Futuro semplice
comprerò
comprerai
comprerà
compreremo
comprerete
compreranno

Futuro composto
avrò comprato
avrai comprato
avrà comprato
avremo comprato
avrete comprato
avranno comprato

Congiuntivo

Presente
compri
compri
compri
compriamo
compriate
comprino

Imperfetto
comprassi
comprassi
comprasse
comprassimo
compraste
comprassero

Passato
abbia comprato
abbia comprato
abbia comprato
abbiamo comprato
abbiate comprato
abbiano comprato

Trapassato
avessi comprato
avessi comprato
avesse comprato
avessimo comprato
aveste comprato
avessero comprato

Condizionale

Semplice
comprerei
compreresti
comprerebbe
compreremmo
comprereste
comprerebbero

Composto
avrei comprato
avresti comprato
avrebbe comprato
avremmo comprato
avreste comprato
avrebbero comprato

Imperativo
(tu) compra
(Lei) compri
(noi) compriamo
(voi) comprate
(loro) comprino

Infinito passato
avere comprato

Participio

Presente
comprante

Passato
comprato

Gerundio

Presente
comprando

Passato
avendo comprato

comprare *kaufen*

 Anwendungsbeispiele
Dove posso **comprare** dei francobolli? *Wo kann ich Briefmarken* ***kaufen****?*
Compriamo un mazzo di fiori. *Wir **kaufen** einen Blumenstrauß.*
Oggi **si comprano** più i prodotti biologici. *Heute **werden** mehr biologische Produkte **gekauft**.*
L'**ho comprato** ad un prezzo eccezionale. *Ich habe es zu einem sagenhaften Preis **gekauft**.*
Comprando online si può risparmiare tempo. *Wenn man online **einkauft**, kann man Zeit sparen.*

 Redewendungen
comprare una casa *ein Haus kaufen*
comprare qc. a buon mercato *etw. günstig einkaufen*
comprare a credito *auf Kredit kaufen*
comprare di seconda mano *gebraucht kaufen*
comprare qu. *jdn. bestechen*
comprare la gatta nel sacco *die Katze im Sack kaufen*

 Ähnliche Verben
acquistare *erwerben*
fare la spesa *einkaufen*
andare a fare la spesa *einkaufen gehen*
fare il giro dei negozi *einen Einkaufsbummel machen*
pagare *bezahlen*

 Aufgepasst!
Nach dem Muster von comprare können Sie alle regelmäßigen Verben mit der Endung -are konjugieren. Beachten Sie dabei die Besonderheiten bei den Verben auf -care/-gare (z. B. cercare *suchen*, pagare *zahlen*) und -ciare/-giare (z. B. baciare *küssen*, mangiare *essen*) sowie auf -iare (z. B. studiare *studieren*, inviare *schicken*) (▶ Grammatik rund ums Verb, **1.1**).

 Tipps & Tricks
Trainieren Sie die Formen der regelmäßigen Verben auf -are, indem Sie folgende Verben nach dem Beispiel von comprare konjugieren: amare *lieben*, lavorare *arbeiten*, parlare *reden*, portare *tragen*.

2. Konjugation

 **vendere** *verkaufen*

Musterkonjugation;
Regelmäßiges Verb der 2. Konjugation auf **-ere**

Indicativo

Presente
vend**o**
vend**i**
vend**e**
vend**iamo**
vend**ete**
vend**ono**

Passato prossimo
ho venduto
hai venduto
ha venduto
abbiamo venduto
avete venduto
hanno venduto

Imperfetto
vend**evo**
vend**evi**
vend**eva**
vend**evamo**
vend**evate**
vend**evano**

Trapassato prossimo
avevo venduto
avevi venduto
aveva venduto
avevamo venduto
avevate venduto
avevano venduto

Passato remoto
vend**ei**/vend**etti**
vend**esti**
vend**è**/vend**ette**
vend**emmo**
vend**este**
vend**erono**/vend**ettero**

Trapassato remoto
ebbi venduto
avesti venduto
ebbe venduto
avemmo venduto
aveste venduto
ebbero venduto

Futuro semplice
vend**erò**
vend**erai**
vend**erà**
vend**eremo**
vend**erete**
vend**eranno**

Futuro composto
avrò venduto
avrai venduto
avrà venduto
avremo venduto
avrete venduto
avranno venduto

Congiuntivo

Presente
vend**a**
vend**a**
vend**a**
vend**iamo**
vend**iate**
vend**ano**

Imperfetto
vend**essi**
vend**essi**
vend**esse**
vend**essimo**
vend**este**
vend**essero**

Passato
abbia venduto
abbia venduto
abbia venduto
abbiamo venduto
abbiate venduto
abbiano venduto

Trapassato
avessi venduto
avessi venduto
avesse venduto
avessimo venduto
aveste venduto
avessero venduto

Condizionale

Semplice
vend**erei**
vend**eresti**
vend**erebbe**
vend**eremmo**
vend**ereste**
vend**erebbero**

Composto
avrei venduto
avresti venduto
avrebbe venduto
avremmo venduto
avreste venduto
avrebbero venduto

Imperativo
(tu) vend**i**
(Lei) vend**a**
(noi) vend**iamo**
(voi) vend**ete**
(loro) vend**ano**

Infinito passato
avere venduto

Participio

Presente
vend**ente**

Passato
vend**uto**

Gerundio

Presente
vend**endo**

Passato
avendo venduto

vendere *verkaufen*

 Anwendungsbeispiele
Domani **vendo** la mia macchina. *Morgen **verkaufe ich** mein Auto.*
Hanno venduto tutto. *Sie haben alles **verkauft**.*
Faust **aveva venduto** la sua anima. *Faust **hatte** seine Seele **verkauft**.*
Mi **venderesti** il biglietto? *Würdest du mir die Karte **verkaufen**?*
Hai visto il cartello «**Vendesi** monolocale»? *Hast du das Schild „Einzimmerwohnung **zu verkaufen**" gesehen?*

 Redewendungen
vendere caro *teuer verkaufen*
vendere a buon mercato *günstig verkaufen*
vendere al miglior offerente *meistbietend verkaufen*
vendere a peso *nach Gewicht verkaufen*
vendere sottobanco *schwarz verkaufen*
vendere all'asta *versteigern*
saper vendere la propria merce *sich gut verkaufen können*
averne da vendere *in Hülle und Fülle haben*

 Ähnliche Verben
essere in vendita *zu verkaufen sein*
mettere in vendita *zum Verkauf anbieten*
offrire *anbieten*

 Aufgepasst!
Nach dem Muster von **vendere** können Sie alle regelmäßigen Verben mit der Endung **-ere** konjugieren. Manche dieser Verben haben im Passato remoto in der 1. und 3. Person Singular und in der 3. Person Plural Doppelformen. Zur 2. Konjugation gehören auch die meisten unregelmäßigen Verben. Einige davon weisen allerdings nur im Participio und/oder im Passato remoto Unregelmäßigkeiten auf, in den anderen Formen sind sie regelmäßig, wie z. B. **decidere** *entscheiden* und **assistere** *beiwohnen*.

 Tipps & Tricks
Konjugieren Sie erst **vendere** und dann **battere** *schlagen* laut. Achten Sie darauf, dass der Wortakzent bei der 3. Person Plural meist auf der drittletzten Silbe liegt, z. B. vend**e**vano (Ausnahme: Futuro semplice, Gerundio, Participio).

3. Konjugation

(7) sentire *fühlen, hören*

Musterkonjugation;
Regelmäßiges Verb der 3. Konjugation auf **-ire**

Indicativo

Presente
- sent**o**
- sent**i**
- sent**e**
- sent**iamo**
- sent**ite**
- sent**ono**

Passato prossimo
- ho sentito
- hai sentito
- ha sentito
- abbiamo sentito
- avete sentito
- hanno sentito

Imperfetto
- sent**ivo**
- sent**ivi**
- sent**iva**
- sent**ivamo**
- sent**ivate**
- sent**ivano**

Trapassato prossimo
- avevo sentito
- avevi sentito
- aveva sentito
- avevamo sentito
- avevate sentito
- avevano sentito

Passato remoto
- sent**ii**
- sent**isti**
- sent**ì**
- sent**immo**
- sent**iste**
- sent**irono**

Trapassato remoto
- ebbi sentito
- avesti sentito
- ebbe sentito
- avemmo sentito
- aveste sentito
- ebbero sentito

Futuro semplice
- sent**irò**
- sent**irai**
- sent**irà**
- sent**iremo**
- sent**irete**
- sent**iranno**

Futuro composto
- avrò sentito
- avrai sentito
- avrà sentito
- avremo sentito
- avrete sentito
- avranno sentito

Congiuntivo

Presente
- sent**a**
- sent**a**
- sent**a**
- sent**iamo**
- sent**iate**
- sent**ano**

Imperfetto
- sent**issi**
- sent**issi**
- sent**isse**
- sent**issimo**
- sent**iste**
- sent**issero**

Passato
- abbia sentito
- abbia sentito
- abbia sentito
- abbiamo sentito
- abbiate sentito
- abbiano sentito

Trapassato
- avessi sentito
- avessi sentito
- avesse sentito
- avessimo sentito
- aveste sentito
- avessero sentito

Condizionale

Semplice
- sent**irei**
- sent**iresti**
- sent**irebbe**
- sent**iremmo**
- sent**ireste**
- sent**irebbero**

Composto
- avrei sentito
- avresti sentito
- avrebbe sentito
- avremmo sentito
- avreste sentito
- avrebbero sentito

Imperativo
- (tu) sent**i**
- (Lei) sent**a**
- (noi) sent**iamo**
- (voi) sent**ite**
- (loro) sent**ano**

Infinito passato
- avere sentito

Participio

Presente
- sent**ente**

Passato
- sent**ito**

Gerundio

Presente
- sent**endo**

Passato
- avendo sentito

sentire *fühlen, hören*

 Anwendungsbeispiele

Sento bussare qualcuno. *Ich höre jemanden klopfen.*
Il commissario **sentì** uno sparo. *Der Kommissar hörte einen Schuss.*
Sentiva di caffè appena tostato. *Es roch nach frisch geröstetem Kaffee.*
Sente un dolore al ginocchio? *Haben Sie Schmerzen am Knie?*
Senti un pò! *Hör mal!*
Non me la **sento**. (umgs.) *Ich habe keine Lust dazu.*

 Redewendungen

sentire un rumore *ein Geräusch hören*
sentire un odore *einen Geruch wahrnehmen*
sentire un sapore *schmecken*
sentire affetto *Zuneigung spüren*
sentire fame/sete *Hunger/Durst haben*
sentire caldo/freddo *schwitzen/frieren*
stare a sentire *zuhören*
farsi sentire *sich Gehör verschaffen*
sentirsi bene/male *sich gut/schlecht fühlen*
sentirsi a disagio *sich unwohl fühlen*

 Ähnliche Verben

acconsentire *zustimmen, einwilligen*
assentire *zustimmen*
consentire *zustimmen, zulassen*
risentire *wieder hören/schmecken/fühlen, empfinden*

 Aufgepasst!

Die meisten regelmäßigen Verben der 3. Konjugation werden nach dem Muster von sentire konjugiert. Bei einer Reihe von Verben auf **-ire** wird der Präsensstamm in manchen Formen um die Silbe **-isc** erweitert, z. B. bei finire *beenden* und capire *verstehen*.

 Tipps & Tricks

Für das Verb *hören* gibt es im Italienischen zwei Entsprechungen: sentire im Sinne von *wahrnehmen* und ascoltare im Sinne von *zuhören*:
Ti sento. *Ich höre dich.*
Ti ascolto. *Ich höre dir zu.*

1. Konjugation

⑧ andare *gehen*

Indicativo

Presente	**Passato prossimo**
vado	sono andato
vai	sei andato
va	è andato
andiamo	siamo andati
andate	siete andati
vanno	sono andati

Imperfetto	**Trapassato prossimo**
andavo	ero andato
andavi	eri andato
andava	era andato
andavamo	eravamo andati
andavate	eravate andati
andavano	erano andati

Passato remoto	**Trapassato remoto**
andai	fui andato
andasti	fosti andato
andò	fu andato
andammo	fummo andati
andaste	foste andati
andarono	furono andati

Futuro semplice	**Futuro composto**
an**dr**ò	sarò andato
an**dr**ai	sarai andato
an**dr**à	sarà andato
an**dr**emo	saremo andati
an**dr**ete	sarete andati
an**dr**anno	saranno andati

Congiuntivo

Presente
vada
vada
vada
andiamo
andiate
vadano

Imperfetto
andassi
andassi
andasse
andassimo
andaste
andassero

Passato
sia andato
sia andato
sia andato
siamo andati
siate andati
siano andati

Trapassato
fossi andato
fossi andato
fosse andato
fossimo andati
foste andati
fossero andati

Condizionale

Semplice
an**dr**ei
an**dr**esti
an**dr**ebbe
an**dr**emmo
an**dr**este
an**dr**ebbero

Composto
sarei andato
saresti andato
sarebbe andato
saremmo andati
sareste andati
sarebbero andati

Imperativo

(tu) **va'/vai/va**
(Lei) **vad**a
(noi) andiamo
(voi) andate
(loro) **vad**ano

Infinito passato
essere andato

Participio

Presente	**Passato**
andante	andato

Gerundio

Presente	**Passato**
andando	essendo andato

andare *gehen*

 Anwendungsbeispiele
Andiamo al cinemà? *Gehen wir ins Kino?*
Dove **saranno andati**? *Wo sind sie wohl hingegangen?*
Come **va**? *Wie geht's?*
Com'**è andata**? *Wie ist es gelaufen?*
Non **mi va** di partire così presto. *Ich habe keine Lust, so früh loszufahren.*

 Redewendungen
andare a piedi *zu Fuß gehen*
andare in treno/macchina/bicicletta *mit dem Zug/Auto/Fahrrad fahren*
andare a mangiare *essen gehen*
andare a prendere *holen, abholen*
andare a trovare qu. *jdn. besuchen*
andare a spasso *spazieren gehen*
andare a zonzo *bummeln*
andare di corsa *schnell laufen, in Eile sein*
andare via *weggehen*
andare scalzo *barfuß laufen*

 Ähnliche Verben
camminare *gehen, laufen*   **andarsene** *weggehen, verschwinden*
correre *laufen, rennen*
partire *weggehen, abfahren*

⚡ **Aufgepasst!**
Im Presente (Indicativo und Congiuntivo) ändert sich der Wortstamm im Singular sowie in der 3. Person Plural: **(noi) andiamo** ➡ **(loro) vann**o. Gleiches gilt für den Imperativo: **(voi) and**ate! ➡ **(loro) vad**ano! In der 2. Person Singular wird neben der Form **va'** auch **vai** bzw. **va** gebraucht.
Im Futuro semplice und im Condizionale semplice ist der Verbstamm verkürzt: **(io) and**rò, **(io) and**rei.

3. Konjugation

⑨ apparire *erscheinen*   Stammerweiterung -isc optional

Indicativo

Presente
- appaio/apparisco
- appari/apparisci
- appare/apparisce
- appariamo
- apparite
- appaiono/appariscono

Passato prossimo
- sono apparso
- sei apparso
- è apparso
- siamo apparsi
- siete apparsi
- sono apparsi

Imperfetto
- apparivo
- apparivi
- appariva
- apparivamo
- apparivate
- apparivano

Trapassato prossimo
- ero apparso
- eri apparso
- era apparso
- eravamo apparsi
- eravate apparsi
- erano apparsi

Passato remoto
- apparii/-arsi/-arvi
- apparisti
- apparì/-arse/-arve
- apparimmo
- appariste
- apparirono/-arsero/-arvero

Trapassato remoto
- fui apparso
- fosti apparso
- fu apparso
- fummo apparsi
- foste apparsi
- furono apparsi

Futuro semplice
- apparirò
- apparirai
- apparirà
- appariremo
- apparirete
- appariranno

Futuro composto
- sarò apparso
- sarai apparso
- sarà apparso
- saremo apparsi
- sarete apparsi
- saranno apparsi

Congiuntivo

Presente
- appaia/apparisca
- appaia/apparisca
- appaia/apparisca
- appariamo
- appariate
- appaiano/appariscano

Imperfetto
- apparissi
- apparissi
- apparisse
- apparissimo
- appariste
- apparissero

Passato
- sia apparso
- sia apparso
- sia apparso
- siamo apparsi
- siate apparsi
- siano apparsi

Trapassato
- fossi apparso
- fossi apparso
- fosse apparso
- fossimo apparsi
- foste apparsi
- fossero apparsi

Condizionale

Semplice
- apparirei
- appariresti
- apparirebbe
- appariremmo
- apparireste
- apparirebbero

Composto
- sarei apparso
- saresti apparso
- sarebbe apparso
- saremmo apparsi
- sareste apparsi
- sarebbero apparsi

Imperativo
- (tu) appari/apparisci
- (Lei) appaia/apparisca
- (noi) appariamo
- (voi) apparite
- (loro) appaiano/appariscano

Infinito passato
- essere apparso

Participio

Presente
- apparente

Passato
- apparso

Gerundio

Presente
- apparendo

Passato
- essendo apparso

apparire *erscheinen*

 Anwendungsbeispiele
Niente è come **appare**. *Nichts ist, wie es scheint.*
Il sole tramonta e la luna **apparisce**. *Die Sonne geht unter und der Mond geht auf.*
Prima o poi la verità **apparirà**. *Früher oder später wird die Wahrheit ans Licht kommen.*
Si dice che Maria **sia apparsa** in questa grotta. *Es heißt, dass Maria in dieser Höhle erschienen sei.*

 Sprichwörter
Chi bella vuole apparire, un poco deve soffrire. *Wer schön sein will, muss leiden.*

 Ähnliche Verben

sembrare *scheinen, erscheinen*
spuntare *hervorkommen*
mostrarsi *sich zeigen*

comparire *erscheinen, auftreten*
disparire *verschwinden*
scomparire *verschwinden*
sparire (nur mit Stammerweiterung -isc) *verschwinden*
trasparire (nur mit Stammerweiterung -isc) *durchscheinen, durchblicken lassen*

 Aufgepasst!
Das Verb apparire kann im Presente (Indicativo und Congiuntivo) und im Imperativo sowohl mit der Stammerweiterung -isc konjugiert werden als auch ohne, wobei Letzteres gebräuchlicher ist. Dies gilt ebenso für comparire *erscheinen*, disparire *verschwinden* und scomparire *verschwinden*.

Im Passato remoto gibt es drei mögliche Formen in der 1. und 3. Person Singular sowie in der 3. Person Plural. Am häufigsten werden die Endungen mit -v verwendet.

3. Konjugation

⑩ aprire *öffnen*

Indicativo

Presente
- apro
- apri
- apre
- apriamo
- aprite
- aprono

Passato prossimo
- ho aperto
- hai aperto
- ha aperto
- abbiamo aperto
- avete aperto
- hanno aperto

Imperfetto
- aprivo
- aprivi
- apriva
- aprivamo
- aprivate
- aprivano

Trapassato prossimo
- avevo aperto
- avevi aperto
- aveva aperto
- avevamo aperto
- avevate aperto
- avevano aperto

Passato remoto
- aprii/apersi
- apristi
- aprì/aperse
- aprimmo
- apriste
- aprirono/apersero

Trapassato remoto
- ebbi aperto
- avesti aperto
- ebbe aperto
- avemmo aperto
- aveste aperto
- ebbero aperto

Futuro semplice
- aprirò
- aprirai
- aprirà
- apriremo
- aprirete
- apriranno

Futuro composto
- avrò aperto
- avrai aperto
- avrà aperto
- avremo aperto
- avrete aperto
- avranno aperto

Congiuntivo

Presente
- apra
- apra
- apra
- apriamo
- apriate
- aprano

Imperfetto
- aprissi
- aprissi
- aprisse
- aprissimo
- apriste
- aprissero

Passato
- abbia aperto
- abbia aperto
- abbia aperto
- abbiamo aperto
- abbiate aperto
- abbiano aperto

Trapassato
- avessi aperto
- avessi aperto
- avesse aperto
- avessimo aperto
- aveste aperto
- avessero aperto

Condizionale

Semplice
- aprirei
- apriresti
- aprirebbe
- apriremmo
- aprireste
- aprirebbero

Composto
- avrei aperto
- avresti aperto
- avrebbe aperto
- avremmo aperto
- avreste aperto
- avrebbero aperto

Imperativo
- (tu) apri
- (Lei) apra
- (noi) apriamo
- (voi) aprite
- (loro) aprano

Infinito passato
- avere aperto

Participio

Presente
- aprente

Passato
- aperto

Gerundio

Presente
- aprendo

Passato
- avendo aperto

aprire *öffnen*

 Anwendungsbeispiele

Apro la finestra. *Ich öffne das Fenster.*
La biglietteria **apre** due ore prima dell'inizio del concerto. *Der Kartenschalter öffnet zwei Stunden vor Konzertbeginn.*
Il museo **è aperto** dalle ore 9 alle 17. *Das Museum ist von 9 bis 17 Uhr geöffnet.*
Aprì la porta e uscì. *Er/Sie öffnete die Tür und ging hinaus.*
Lo stilista **ha aperto** un nuovo negozio a Roma. *Der Modedesigner hat in Rom ein neues Geschäft eröffnet.*
Apriamo la partita! *Eröffnen wir das Spiel!*

 Redewendungen

aprire la porta/la finestra *die Tür/das Fenster öffnen*
aprire un libro/il giornale *ein Buch/die Zeitung aufschlagen*
aprire gli occhi *die Augen öffnen, aufwachen*
aprire le orecchie *die Ohren aufmachen*
aprire un discorso *ein Gespräch/eine Diskussion eröffnen*
aprire una scuola/un istituto *eine Schule/ein Institut eröffnen/gründen*
aprire il rubinetto *den Wasserhahn aufdrehen*
aprire il cuore a qu. *jdm. sein Herz ausschütten*
aprirsi *sich öffnen, aufgehen*
aprirsi con qu. *sich jdm. anvertrauen*

 Andere Verben

chiudere *schließen*
serrare *verschließen, abschließen*
sbarrare *(ab)sperren*

 Aufgepasst!

Das Verb **aprire** ist nur im Participio und in den seltener gebrauchten Doppelformen des Passato remoto unregelmäßig.

 Tipps & Tricks

Genau wie **aprire** werden auch die Verben **offrire** *anbieten* und **soffrire** *leiden* sowie **coprire** *bedecken* und **scoprire** *aufdecken* konjugiert. Lernen Sie diese Konjugationen zusammen!

2. Konjugation

 assistere *teilnehmen, beistehen*

Indicativo

Presente
assisto
assisti
assiste
assistiamo
assistete
assistono

Passato prossimo
ho assistito
hai assistito
ha assistito
abbiamo assistito
avete assistito
hanno assistito

Imperfetto
assistevo
assistevi
assisteva
assistevamo
assistevate
assistevano

Trapassato prossimo
avevo assistito
avevi assistito
aveva assistito
avevamo assistito
avevate assistito
avevano assistito

Passato remoto
assistei/assistetti
assistesti
assisté/assistette
assistemmo
assisteste
assisterono/assistettero

Trapassato remoto
ebbi assistito
avesti assistito
ebbe assistito
avemmo assistito
aveste assistito
ebbero assistito

Futuro semplice
assisterò
assisterai
assisterà
assisteremo
assisterete
assisteranno

Futuro composto
avrò assistito
avrai assistito
avrà assistito
avremo assistito
avrete assistito
avranno assistito

Congiuntivo

Presente
assista
assista
assista
assistiamo
assistiate
assistano

Imperfetto
assistessi
assistessi
assistesse
assistessimo
assisteste
assistessero

Passato
abbia assistito
abbia assistito
abbia assistito
abbiamo assistito
abbiate assistito
abbiano assistito

Trapassato
avessi assistito
avessi assistito
avesse assistito
avessimo assistito
aveste assistito
avessero assistito

Condizionale

Semplice
assisterei
assisteresti
assisterebbe
assisteremmo
assistereste
assisterebbero

Composto
avrei assistito
avresti assistito
avrebbe assistito
avremmo assistito
avreste assistito
avrebbero assistito

Imperativo
(tu) assisti
(Lei) assista
(noi) assistiamo
(voi) assistete
(loro) assistano

Infinito passato
avere assistito

Participio

Presente
assistente

Passato
assistito

Gerundio

Presente
assistendo

Passato
avendo assistito

assistere *teilnehmen, beistehen*

 Anwendungsbeispiele
Da due anni non faceva che **assistere** sua madre. *Seit zwei Jahren tat er/sie nichts anderes, als seiner/ihrer Mutter* **beizustehen**.
Per fortuna non **ho** mai **assistito a** nessun incidente. *Zum Glück* **habe ich** *noch nie einem Unfall* **beigewohnt**.
Ogni gruppo **è assistito da** un docente. *Jede Gruppe* **wird von** *einem Dozenten unterstützt*.
Che Dio t'**assista**! *Gott steh dir bei!*

 Redewendungen
assistere un'amico *einem Freund beistehen*
assistere un cliente *einen Kunden betreuen*
assistere un ferito *einen Verletzten versorgen*
assistere a uno spettacolo *einer Vorstellung beiwohnen*
assistere legalmente qu. *jdm. Rechtsbeistand leisten*

 Ähnliche Verben

partecipare *teilnehmen*	**coesistere (+ essere)** *gleichzeitig bestehen*
essere presente *anwesend sein*	**consistere (+ essere)** *bestehen (aus)*
soccorrere *helfen*	**desistere** *aufhören*
curare *pflegen*	**esistere (+ essere)** *existieren*
aiutare *helfen*	**insistere** *bestehen (auf), beharren*
	persistere *andauern*
	resistere *widerstehen*

 Gebrauch
Die einzigen Besonderheiten des Verbs **assistere** sind das unregelmäßige Participio und die Doppelformen im Passato remoto.
Hauptsächlich wird das Verb in der Bedeutung von *anwesend sein* gebraucht.
Im Sinne von *zu Hilfe eilen* wird anstelle von **assistere** häufig das Verb **soccorrere** *helfen* verwendet.

 Tipps & Tricks
Das Verb **assistere** können Sie sich gut merken, wenn Sie es mit dem deutschen Wort *Assistent* verknüpfen.

2. Konjugation

 **bere** *trinken* — Infinitiv zusammengezogen aus lat. **bevere**

Indicativo

Presente
bevo
bevi
beve
beviamo
bevete
bevono

Passato prossimo
ho bevuto
hai bevuto
ha bevuto
abbiamo bevuto
avete bevuto
hanno bevuto

Imperfetto
bevevo
bevevi
beveva
bevevamo
bevevate
bevevano

Trapassato prossimo
avevo bevuto
avevi bevuto
aveva bevuto
avevamo bevuto
avevate bevuto
avevano bevuto

Passato remoto
bevvi/bevetti
bevesti
bevve/bevette
bevemmo
beveste
bevvero/bevettero

Trapassato remoto
ebbi bevuto
avesti bevuto
ebbe bevuto
avemmo bevuto
aveste bevuto
ebbero bevuto

Futuro semplice
berrò
berrai
berrà
berremo
berrete
berranno

Futuro composto
avrò bevuto
avrai bevuto
avrà bevuto
avremo bevuto
avrete bevuto
avranno bevuto

Congiuntivo

Presente
beva
beva
beva
beviamo
beviate
bevano

Imperfetto
bevessi
bevessi
bevesse
bevessimo
beveste
bevessero

Passato
abbia bevuto
abbia bevuto
abbia bevuto
abbiamo bevuto
abbiate bevuto
abbiano bevuto

Trapassato
avessi bevuto
avessi bevuto
avesse bevuto
avessimo bevuto
aveste bevuto
avessero bevuto

Condizionale

Semplice
berrei
berresti
berrebbe
berremmo
berreste
berrebbero

Composto
avrei bevuto
avresti bevuto
avrebbe bevuto
avremmo bevuto
avreste bevuto
avrebbero bevuto

Imperativo
(tu) bevi
(Lei) beva
(noi) beviamo
(voi) bevete
(loro) bevano

Infinito passato
avere bevuto

Participio

Presente
bevente

Passato
bevuto

Gerundio

Presente
bevendo

Passato
avendo bevuto

bere *trinken*

 Anwendungsbeispiele
Devo **bere** qualcosa. *Ich muss etwas **trinken**.*
Che cosa prendi da **bere**? *Was möchtest du **trinken**?*
Hanno **bevuto** due bottiglie di vino rosso. *Sie haben zwei Flaschen Rotwein getrunken.*
Beveva sempre **dalla** bottiglia. *Er/Sie trank stets aus der Flasche.*
Beviamo alla salute del festeggiato! *Trinken wir auf das Wohl des Geburtstagskindes!*
È dimagrita **bevendo** solo acqua. *Sie hat abgenommen, indem sie nur Wasser getrunken hat.*
A me non puoi **darla a bere**! *Mir kannst du das nicht **weismachen**!*

 Witz
Il proprietario di un bar ha affisso nel suo locale questo cartello:
«Chi beve per dimenticare è pregato di pagare prima!»

 Ähnliche Verben
andare a prendere qc. *etw. trinken/essen gehen*
togliere/spegnere la sete *den Durst stillen*
inghiottire *hinunterschlucken*

 Aufgepasst!
Das Verb **bere** ist durch die Verkürzung des lateinischen Infinitivs **bevere** entstanden. In den meisten Zeiten und Modi wird auf diese veraltete Form zurückgegriffen: **(io) bevevo, (tu) bevesti, bevuto**.
Im Futuro semplice und im Condizionale semplice werden hingegen nur sehr selten die von **bevere** abgeleiteten Formen wie **(tu) beverai** etc. verwendet. Stattdessen wird in diesen Formen das **-r** des Infinito verdoppelt: **(tu) berrai, (io) berrei**.
Im Passato remoto sind die Formen mit der Stammerweiterung **-vv** gebräuchlicher als die Formen mit nur einem **-v**.

 Tipps & Tricks
Prägen Sie sich neben **bere** auch den veralteten Infinitiv **bevere** ein, sodass Sie die unregelmäßigen Formen leicht ableiten können.

2. Konjugation

⑬ cadere *fallen*   -d → -dd

Indicativo

Presente
- cado
- cadi
- cade
- cadiamo
- cadete
- cadono

Passato prossimo
- sono caduto
- sei caduto
- è caduto
- siamo caduti
- siete caduti
- sono caduti

Imperfetto
- cadevo
- cadevi
- cadeva
- cadevamo
- cadevate
- cadevano

Trapassato prossimo
- ero caduto
- eri caduto
- era caduto
- eravamo caduti
- eravate caduti
- erano caduti

Passato remoto
- caddi
- cadesti
- cadde
- cademmo
- cadeste
- caddero

Trapassato remoto
- fui caduto
- fosti caduto
- fu caduto
- fummo caduti
- foste caduti
- furono caduti

Futuro semplice
- cadrò
- cadrai
- cadrà
- cadremo
- cadrete
- cadranno

Futuro composto
- sarò caduto
- sarai caduto
- sarà caduto
- saremo caduti
- sarete caduti
- saranno caduti

Congiuntivo

Presente
- cada
- cada
- cada
- cadiamo
- cadiate
- cadano

Imperfetto
- cadessi
- cadessi
- cadesse
- cadessimo
- cadeste
- cadessero

Passato
- sia caduto
- sia caduto
- sia caduto
- siamo caduti
- siate caduti
- siano caduti

Trapassato
- fossi caduto
- fossi caduto
- fosse caduto
- fossimo caduti
- foste caduti
- fossero caduti

Condizionale

Semplice
- cadrei
- cadresti
- cadrebbe
- cadremmo
- cadreste
- cadrebbero

Composto
- sarei caduto
- saresti caduto
- sarebbe caduto
- saremmo caduti
- sareste caduti
- sarebbero caduti

Imperativo
- (tu) cadi
- (Lei) cada
- (noi) cadiamo
- (voi) cadete
- (loro) cadano

Infinito passato
- essere caduto

Participio

Presente
- cadente

Passato
- caduto

Gerundio

Presente
- cadendo

Passato
- essendo caduto

cadere *fallen*

 Anwendungsbeispiele
Il gatto **cade** sempre **in** piedi. *Die Katze **fällt** immer **auf** die Füße.*
Questa gonna **cade** bene. *Dieses Kleid **fällt/sitzt** gut.*
Mia sorella **è caduta dall**'albero. *Meine Schwester **ist vom** Baum **gefallen**.*
Di solito la prima neve **cadeva in** novembre. *Gewöhnlich **fiel** der erste Schnee im November.*
Pinocchio **cadde in** mare ed una balena lo ingoiò. *Pinocchio **fiel ins** Meer und ein Wal verschluckte ihn.*

 Redewendungen
cadere ammalato *krank werden*
cadere lungo e disteso *der Länge nach hinfallen*
cadere morto *tot umfallen*
cadere a/per terra *auf den Boden fallen*
cadere a proposito *gerade recht kommen*
cadere dalla stanchezza *vor Müdigkeit umfallen*
cadere dalle nuvole *aus allen Wolken fallen*
cadere dalla padella nella brace *vom Regen in die Traufe kommen*

 Ähnliche Verben
accadere *geschehen, passieren*
decadere *verfallen, verarmen*
ricadere *wieder fallen, zurückfallen*
scadere *verfallen, ablaufen*

 Aufgepasst!
Das Verb cadere weist folgende Besonderheiten auf:
Im Passato remoto wird das **-d** in den stammbetonten Formen verdoppelt:
(io) ca**dd**i, (lui) ca**dd**e, (loro) ca**dd**ero.
Im Futuro semplice und im Condizionale semplice ist der Verbstamm verkürzt:
(io) ca**dr**ò, (lui) ca**dr**ebbe.

1. Konjugation

(14) cercare *suchen* — Stammauslaut + -h vor -e und -i

Indicativo

Presente
- cerco
- cerchi
- cerca
- cerchiamo
- cercate
- cercano

Passato prossimo
- ho cercato
- hai cercato
- ha cercato
- abbiamo cercato
- avete cercato
- hanno cercato

Imperfetto
- cercavo
- cercavi
- cercava
- cercavamo
- cercavate
- cercavano

Trapassato prossimo
- avevo cercato
- avevi cercato
- aveva cercato
- avevamo cercato
- avevate cercato
- avevano cercato

Passato remoto
- cercai
- cercasti
- cercò
- cercammo
- cercaste
- cercarono

Trapassato remoto
- ebbi cercato
- avesti cercato
- ebbe cercato
- avemmo cercato
- aveste cercato
- ebbero cercato

Futuro semplice
- cercherò
- cercherai
- cercherà
- cercheremo
- cercherete
- cercheranno

Futuro composto
- avrò cercato
- avrai cercato
- avrà cercato
- avremo cercato
- avrete cercato
- avranno cercato

Congiuntivo

Presente
- cerchi
- cerchi
- cerchi
- cerchiamo
- cerchiate
- cerchino

Imperfetto
- cercassi
- cercassi
- cercasse
- cercassimo
- cercaste
- cercassero

Passato
- abbia cercato
- abbia cercato
- abbia cercato
- abbiamo cercato
- abbiate cercato
- abbiano cercato

Trapassato
- avessi cercato
- avessi cercato
- avesse cercato
- avessimo cercato
- aveste cercato
- avessero cercato

Condizionale

Semplice
- cercherei
- cercheresti
- cercherebbe
- cercheremmo
- cerchereste
- cercherebbero

Composto
- avrei cercato
- avresti cercato
- avrebbe cercato
- avremmo cercato
- avreste cercato
- avrebbero cercato

Imperativo
- (tu) cerca
- (Lei) **cerchi**
- (noi) **cerchiamo**
- (voi) cercate
- (loro) **cerchino**

Infinito passato
- avere cercato

Participio

Presente
- cercante

Passato
- cercato

Gerundio

Presente
- cercando

Passato
- avendo cercato

cercare *suchen*

Anwendungsbeispiele
Cerco su internet un cellulare senza abbonamento. *Ich suche im Internet ein vertragsfreies Handy.*
L'**abbiamo cercato** dappertutto. *Wir haben ihn überall gesucht.*
Cercherò di risponderti il più presto possibile. *Ich werde versuchen, dir so schnell wie möglich zu antworten.*
Che cosa **stai cercando**? *Was suchst du?*
Chi **cerca** trova. *Wer sucht, der findet.*

Redewendungen
cercare casa/lavoro *ein Haus/Arbeit suchen*
cercare moglie/marito *eine Frau/einen Mann suchen*
cercare un albergo/un ristorante *ein Hotel/ein Restaurant suchen*
cercare un accordo *eine Einigung suchen*
cercare guai *Streit suchen*
cercare di fare qc. *versuchen, etw. zu tun*
cercare il pelo nell'uovo *das Haar in der Suppe suchen*

Ähnliche Verben
tentare *versuchen*   ricercare *suchen, forschen*
provare *versuchen*

Aufgepasst!
Bei den regelmäßigen Verben auf **-care** wird der Stammauslaut **-c** vor **-e** und **-i** zu **-ch**, um die Aussprache zu erhalten. Dies betrifft also alle Formen des Futuro semplice, des Congiuntivo presente und des Condizionale semplice. Im Indicativo presente sollten Sie sich die häufig verwendeten Formen der 2. Person Singular und der 1. Person Plural gut einprägen: **(tu) cerchi, (noi) cerchiamo**.
Bei den Verben auf **-gare**, z. B. **pagare** *bezahlen*, wird ebenfalls zum Erhalt der Aussprache in den gleichen Formen nach dem Stammauslaut **-g** ein **-h** eingefügt: **(tu) paghi, (noi) paghiamo**.

Tipps & Tricks
Lernen Sie die Verben auf **-care** und **-gare** gemeinsam!

2. Konjugation

(15) chiedere *fragen*

Indicativo

Presente
- chiedo
- chiedi
- chiede
- chiediamo
- chiedete
- chiedono

Passato prossimo
- ho chiesto
- hai chiesto
- ha chiesto
- abbiamo chiesto
- avete chiesto
- hanno chiesto

Imperfetto
- chiedevo
- chiedevi
- chiedeva
- chiedevamo
- chiedevate
- chiedevano

Trapassato prossimo
- avevo chiesto
- avevi chiesto
- aveva chiesto
- avevamo chiesto
- avevate chiesto
- avevano chiesto

Passato remoto
- chiesi
- chiedesti
- chiese
- chiedemmo
- chiedeste
- chiesero

Trapassato remoto
- ebbi chiesto
- avesti chiesto
- ebbe chiesto
- avemmo chiesto
- aveste chiesto
- ebbero chiesto

Futuro semplice
- chiederò
- chiederai
- chiederà
- chiederemo
- chiederete
- chiederanno

Futuro composto
- avrò chiesto
- avrai chiesto
- avrà chiesto
- avremo chiesto
- avrete chiesto
- avranno chiesto

Congiuntivo

Presente
- chieda
- chieda
- chieda
- chiediamo
- chiediate
- chiedano

Imperfetto
- chiedessi
- chiedessi
- chiedesse
- chiedessimo
- chiedeste
- chiedessero

Passato
- abbia chiesto
- abbia chiesto
- abbia chiesto
- abbiamo chiesto
- abbiate chiesto
- abbiano chiesto

Trapassato
- avessi chiesto
- avessi chiesto
- avesse chiesto
- avessimo chiesto
- aveste chiesto
- avessero chiesto

Condizionale

Semplice
- chiederei
- chiederesti
- chiederebbe
- chiederemmo
- chiedereste
- chiederebbero

Composto
- avrei chiesto
- avresti chiesto
- avrebbe chiesto
- avremmo chiesto
- avreste chiesto
- avrebbero chiesto

Imperativo
- (tu) chiedi
- (Lei) chieda
- (noi) chiediamo
- (voi) chiedete
- (loro) chiedano

Infinito passato
- avere chiesto

Participio

Presente
- chiedente

Passato
- chiesto

Gerundio

Presente
- chiedendo

Passato
- avendo chiesto

chiedere *fragen*

 Anwendungsbeispiele

Posso **chiederti** una cosa? *Kann ich dich um etwas bitten?*
Ti **chiedo** perdono. *Ich bitte dich um Entschuldigung.*
Mi **chiede** sempre **della** tua famiglia. *Er/Sie fragt mich immer nach deiner Familie.*
Ci **hanno chiesto** se volevamo vendere la casa. *Sie haben uns gefragt, ob wir das Haus verkaufen wollten.*
Gli **chiese** come si chiamavano. *Er/Sie fragte sie, wie sie heißen.*

 Redewendungen

chiedere un favore a qu. *jdn. um einen Gefallen bitten*
chiedere la parola *um das Wort bitten*
chiedere perdono *um Entschuldigung bitten*
chiedere scusa *sich entschuldigen*
chiedere il permesso a qu. *jdn. um Erlaubnis bitten*
chiedere il prezzo di qc. *nach dem Preis von etw. fragen*
chiedere l'elemosina *betteln*
chiedere un milione *eine Million verlangen*
chiedersi *sich fragen*

 Ähnliche Verben

domandare *fragen*
fare una domanda *fragen*
voler sapere *wissen wollen*
interrogare *befragen*
esigere *erfordern*

richiedere *verlangen, erfordern*

 Aufgepasst!

Das Verb **chiedere** gehört zu einer Reihe von Verben auf **-ere**, die lediglich im Participio und in drei Formen des Passato remoto (1. und 3. Person Singular sowie 3. Person Plural) unregelmäßig sind.

 Tipps & Tricks

Lernen Sie die Verben **chiedere** und **chiudere** *schließen* zusammen, denn sie werden fast gleich konjugiert – nur im Participio unterscheiden sie sich:
chiedere – chiesto, chiudere – chiuso.

2. Konjugation

(16) compiere *vollenden*

Stammauslaut -i entfällt vor -i;
-ie → meist -i

Indicativo

Presente
compio
compi
compie
compiamo
compite
compiono

Passato prossimo
ho compiuto
hai compiuto
ha compiuto
abbiamo compiuto
avete compiuto
hanno compiuto

Imperfetto
compivo
compivi
compiva
compivamo
compivate
compivano

Trapassato prossimo
avevo compiuto
avevi compiuto
aveva compiuto
avevamo compiuto
avevate compiuto
avevano compiuto

Passato remoto
compii/compiei
compisti
compì/compiè
compimmo
compiste
compirono/compierono

Trapassato remoto
ebbi compiuto
avesti compiuto
ebbe compiuto
avemmo compiuto
aveste compiuto
ebbero compiuto

Futuro semplice
compirò
compirai
compirà
compiremo
compirete
compiranno

Futuro composto
avrò compiuto
avrai compiuto
avrà compiuto
avremo compiuto
avrete compiuto
avranno compiuto

Congiuntivo

Presente
compia
compia
compia
compiamo
compiate
compiano

Imperfetto
compissi
compissi
compisse
compissimo
compiste
compissero

Passato
abbia compiuto
abbia compiuto
abbia compiuto
abbiamo compiuto
abbiate compiuto
abbiano compiuto

Trapassato
avessi compiuto
avessi compiuto
avesse compiuto
avessimo compiuto
aveste compiuto
avessero compiuto

Condizionale

Semplice
compirei
compiresti
compirebbe
compiremmo
compireste
compirebbero

Composto
avrei compiuto
avresti compiuto
avrebbe compiuto
avremmo compiuto
avreste compiuto
avrebbero compiuto

Imperativo
(tu) compi
(Lei) compia
(noi) compiamo
(voi) compite
(loro) compiano

Infinito passato
avere compiuto

Participio

Presente
compiente

Passato
compiuto

Gerundio

Presente
compiendo

Passato
avendo compiuto

compiere *vollenden*

 Anwendungsbeispiele
Mia nonna **compie** 70 anni. *Meine Oma **wird** 70 Jahre **alt**.*
Tutti quelli che **compiranno** 16 anni entro il 31 marzo possono partecipare. *Alle, die bis zum 31. März das 16. Lebensjahr **vollendet haben**, können teilnehmen.*
Ho compiuto gli studi l'anno scorso. *Ich habe das Studium letztes Jahr **abgeschlossen**.*
Compivano sempre il loro dovere. *Sie erfüllten stets ihre Pflicht.*

 Redewendungen
compiere gli anni *Geburtstag haben*
compiere 30 anni *30 Jahre alt werden*
compiere un'azione *eine Tat vollbringen/vollenden*
compiere un crimine *ein Verbrechen begehen*
compiere un opera *ein Werk vollenden*
compiersi *sich erfüllen*

 Ähnliche Verben
finire *beenden, aufhören*
terminare *beenden, abschließen*
concludere *beenden, abschließen, folgern*
completare *vervollständigen*
adempiere *erfüllen, halten*

 Aufgepasst!
Das Verb **compiere** weist folgende Besonderheiten auf:
Beginnt die Endung mit -i, entfällt das auslautende -i des Verbstammes, z. B. **(noi) compiamo**. Eine Ausnahme gibt es jedoch im Passato remoto: **(io) compii**. Den Laut -ie gibt es außer im Infinito nur in der Form **(lui) compie**, in den Doppelformen des Passato remoto und im Gerundio. In allen anderen Fällen wird -ie zu -i, z. B. **(tu) compiresti**.

 Tipps & Tricks
Das Verb **compiere** wird hauptsächlich in Zusammenhang mit dem Geburtstag verwendet. Darüber hinaus kann es – im Gegensatz zu **finire** *beenden* – nie mit einem Verb stehen.

2. Konjugation

 concedere *gewähren*

Indicativo

Presente
concedo
concedi
concede
concediamo
concedete
concedono

Passato prossimo
ho concesso
hai concesso
ha concesso
abbiamo concesso
avete concesso
hanno concesso

Imperfetto
concedevo
concedevi
concedeva
concedevamo
concedevate
concedevano

Trapassato prossimo
avevo concesso
avevi concesso
aveva concesso
avevamo concesso
avevate concesso
avevano concesso

Passato remoto
concessi
concedesti
concesse
concedemmo
concedeste
concessero

Trapassato remoto
ebbi concesso
avesti concesso
ebbe concesso
avemmo concesso
aveste concesso
ebbero concesso

Futuro semplice
concederò
concederai
concederà
concederemo
concederete
concederanno

Futuro composto
avrò concesso
avrai concesso
avrà concesso
avremo concesso
avrete concesso
avranno concesso

Congiuntivo

Presente
conceda
conceda
conceda
concediamo
concediate
concedano

Imperfetto
concedessi
concedessi
concedesse
concedessimo
concedeste
concedessero

Passato
abbia concesso
abbia concesso
abbia concesso
abbiamo concesso
abbiate concesso
abbiano concesso

Trapassato
avessi concesso
avessi concesso
avesse concesso
avessimo concesso
aveste concesso
avessero concesso

Condizionale

Semplice
concederei
concederesti
concederebbe
concederemmo
concedereste
concederebbero

Composto
avrei concesso
avresti concesso
avrebbe concesso
avremmo concesso
avreste concesso
avrebbero concesso

Imperativo

(tu) concedi
(Lei) conceda
(noi) concediamo
(voi) concedete
(loro) concedano

Infinito passato
avere concesso

Participio

Presente
concedente

Passato
concesso/conceduto

Gerundio

Presente
concedendo

Passato
avendo concesso

concedere *gewähren*

 Anwendungsbeispiele
Il governo **concede** asilo **ai** perseguitati politici. *Die Regierung gewährt den politisch Verfolgten Asyl.*
Il capo mi **ha concesso** una giornata libera. *Der Chef hat mir einen freien Tag gewährt.*
A Carnevale quasi tutto **è concesso**. *Im Karneval ist fast alles erlaubt.*
Nella residenza estiva il papa **concesse** numerose udienze. *In der Sommerresidenz gewährte der Papst zahlreiche Audienzen.*
Di sera **si concedeva** un bicchierino di vino rosso. *Abends gönnte er/sie sich ein Gläschen Rotwein.*

 Redewendungen
concedere l'autorizzazione *die Genehmigung erteilen*
concedere la grazia *Begnadigung gewähren*
concedersi qc. *sich etw. gönnen/erlauben*
concedersi a qu. *sich jdm. hingeben*

 Ähnliche Verben
permettere *erlauben*   succedere *folgen, geschehen*
accordare *zustimmen*
consentire *zustimmen*
ammettere *zulassen*
accettare *annehmen*

 Aufgepasst!
Das Verb concedere weist – wie eine Reihe weiterer Verben der 2. Konjugation – im Passato remoto Unregelmäßigkeiten auf. (Selten werden die Formen der 1. und 3. Person Singular sowie der 3. Person Plural auch regelmäßig gebildet: (io) **concedei/concedetti** usw.)
Im Participio gibt es neben der regelmäßigen Form conceduto die unregelmäßige Form concesso, die weitaus gebräuchlicher ist.

 Tipps & Tricks
Wie concedere hat auch die Ableitung succedere *folgen, geschehen* zwei Partizipien, die jedoch unterschiedlich verwendet werden: succeduto wird nur in der Bedeutung *folgen* gebraucht, successo in der Bedeutung *geschehen*.

2. Konjugation

 conoscere *kennen*

Indicativo

Presente
- conosco
- conosci
- conosce
- conosciamo
- conoscete
- conoscono

Passato prossimo
- ho conosciuto
- hai conosciuto
- ha conosciuto
- abbiamo conosciuto
- avete conosciuto
- hanno conosciuto

Imperfetto
- conoscevo
- conoscevi
- conosceva
- conoscevamo
- conoscevate
- conoscevano

Trapassato prossimo
- avevo conosciuto
- avevi conosciuto
- aveva conosciuto
- avevamo conosciuto
- avevate conosciuto
- avevano conosciuto

Passato remoto
- cono**bbi**
- conoscesti
- cono**bbe**
- conoscemmo
- conosceste
- cono**bbero**

Trapassato remoto
- ebbi conosciuto
- avesti conosciuto
- ebbe conosciuto
- avemmo conosciuto
- aveste conosciuto
- ebbero conosciuto

Futuro semplice
- conoscerò
- conoscerai
- conoscerà
- conosceremo
- conoscerete
- conosceranno

Futuro composto
- avrò conosciuto
- avrai conosciuto
- avrà conosciuto
- avremo conosciuto
- avrete conosciuto
- avranno conosciuto

Congiuntivo

Presente
- conosca
- conosca
- conosca
- conosciamo
- conosciate
- conoscano

Imperfetto
- conoscessi
- conoscessi
- conoscesse
- conoscessimo
- conosceste
- conoscessero

Passato
- abbia conosciuto
- abbia conosciuto
- abbia conosciuto
- abbiamo conosciuto
- abbiate conosciuto
- abbiano conosciuto

Trapassato
- avessi conosciuto
- avessi conosciuto
- avesse conosciuto
- avessimo conosciuto
- aveste conosciuto
- avessero conosciuto

Condizionale

Semplice
- conoscerei
- conosceresti
- conoscerebbe
- conosceremmo
- conoscereste
- conoscerebbero

Composto
- avrei conosciuto
- avresti conosciuto
- avrebbe conosciuto
- avremmo conosciuto
- avreste conosciuto
- avrebbero conosciuto

Imperativo
- (tu) conosci
- (Lei) conosca
- (noi) conosciamo
- (voi) conoscete
- (loro) conoscano

Infinito passato
avere conosciuto

Participio

Presente
- conoscente

Passato
- conosciuto

Gerundio

Presente
- conoscendo

Passato
- avendo conosciuto

conoscere *kennen*

Anwendungsbeispiele
Conosci la moglie di Francesco? *Kennst du Francescos Frau?*
Te la **faccio conoscere**. *Ich mache dich mit ihr bekannt.*
L'**ho conosciuto** ieri. *Ich habe ihn gestern kennengelernt.*
I miei genitori **si conobbero a** Venezia. *Meine Eltern lernten sich in Venedig kennen.*
Mio nonno **conosceva** bene il latino. *Mein Großvater konnte gut Latein.*

Redewendungen
conoscere una lingua *eine Sprache beherrschen/können*
conoscere qu. di vista *jdn. vom Sehen kennen*
conoscere qu. di persona/personalmente *jdn. persönlich kennen*
conoscere a fondo *sehr gut kennen*
conoscere il proprio mestiere *sein Handwerk verstehen*
conoscere dalla voce *an der Stimme erkennen*
fare conoscere *bekannt machen*
farsi conoscere *sich zu erkennen geben*
conoscere qc. per filo e per segno *etw. in- und auswendig kennen*

Andere Verben
ignorare *nicht kennen/wissen*
non sapere *nicht wissen*
supporre *vermuten*

Aufgepasst!
Conoscere gehört zu einer Reihe von Verben der 2. Konjugation, die lediglich im Passato remoto und im Participio unregelmäßig sind.
Im Passato prossimo und im Passato remoto hat **conoscere** zudem die Bedeutung *kennenlernen*:
Non lo **conosco** bene. *Ich kenne ihn nicht gut.*
L'**ho conosciuto** durante le vacanze. *Ich habe ihn im Urlaub kennengelernt.*

Tipps & Tricks
Genauso wie **conoscere** wird auch das Verb **crescere** *wachsen* konjugiert.
Lernen Sie die unregelmäßigen Formen dieser Verben zusammen!

2. Konjugation

 correre *laufen, rennen*

Indicativo

Presente
- corro
- corri
- corre
- corriamo
- correte
- corrono

Passato prossimo
- sono corso
- sei corso
- è corso
- siamo corsi
- siete corsi
- sono corsi

Imperfetto
- correvo
- correvi
- correva
- correvamo
- correvate
- correvano

Trapassato prossimo
- ero corso
- eri corso
- era corso
- eravamo corsi
- eravate corsi
- erano corsi

Passato remoto
- corsi
- corresti
- corse
- corremmo
- correste
- corsero

Trapassato remoto
- fui corso
- fosti corso
- fu corso
- fummo corsi
- foste corsi
- furono corsi

Futuro semplice
- correrò
- correrai
- correrà
- correremo
- correrete
- correranno

Futuro composto
- sarò corso
- sarai corso
- sarà corso
- saremo corsi
- sarete corsi
- saranno corsi

Congiuntivo

Presente
- corra
- corra
- corra
- corriamo
- corriate
- corrano

Imperfetto
- corressi
- corressi
- corresse
- corressimo
- correste
- corressero

Passato
- sia corso
- sia corso
- sia corso
- siamo corsi
- siate corsi
- siano corsi

Trapassato
- fossi corso
- fossi corso
- fosse corso
- fossimo corsi
- foste corsi
- fossero corsi

Condizionale

Semplice
- correrei
- correresti
- correrebbe
- correremmo
- correreste
- correrebbero

Composto
- sarei corso
- saresti corso
- sarebbe corso
- saremmo corsi
- sareste corsi
- sarebbero corsi

Imperativo
- (tu) corri
- (Lei) corra
- (noi) corriamo
- (voi) correte
- (loro) corrano

Infinito passato
essere corso

Participio

Presente
corrente

Passato
corso

Gerundio

Presente
correndo

Passato
essendo corso

correre *laufen, rennen*

 Anwendungsbeispiele

Devi **correre** per non arrivare tardi a scuola. *Du musst **rennen**, um nicht zu spät zur Schule zu kommen.*
Se mi chiami **corro da** te. *Wenn du mich rufst, **eile ich zu** dir.*
Il cane **corse dietro alla** gatta. *Der Hund **lief** der Katze **nach**.*
Al tuo posto **correrei**! *An deiner Stelle **würde ich rennen**!*

 Redewendungen

correre dietro a qu./qc. *jdm./etw. hinterherlaufen*
correre un rischio *ein Risiko eingehen*
correre il pericolo di fare qc. *Gefahr laufen, etw. zu tun*
correre a gambe levate *die Beine in die Hand nehmen*
correre ai ripari *Abhilfe schaffen*
lasciar correre *laufen lassen, nicht eingreifen*

 Ähnliche Verben

accorrere *herbeieilen*
concorrere *teilnehmen*
discorrere *sich unterhalten*
occorrere *erforderlich sein*
percorrere *durchqueren*
trascorrere *verbringen*

 Gebrauch

Die zusammengesetzten Zeiten von correre können mit essere *sein* oder avere *haben* gebildet werden:
Man verwendet essere, wenn das Ziel oder der Ausgangspunkt angegeben wird. Das Participio passato wird in Numerus und Genus an das Subjekt angeglichen:
Siamo corsi alla stazione. *Wir sind zum Bahnhof gerannt.*
Fehlen diese Angaben, verwendet man das Hilfsverb avere:
Abbiamo corso per ore. *Wir sind stundenlang gelaufen.*

 Tipps & Tricks

Auch andere Verben der Bewegung haben nur dann essere als Hilfsverb, wenn die Bewegungsrichtung angegeben wird, wie z. B. saltare *springen* und camminare *spazieren/wandern*.

2. Konjugation

⑳ cuocere *kochen, garen*

-uo → -o;
Stammauslaut + -i vor -a und -o

Indicativo

Presente
cuocio
cuoci
cuoce
c(u)ociamo
c(u)ocete
cuociono

Passato prossimo
ho cotto
hai cotto
ha cotto
abbiamo cotto
avete cotto
hanno cotto

Imperfetto
c(u)ocevo
c(u)ocevi
c(u)oceva
c(u)ocevamo
c(u)ocevate
c(u)ocevano

Trapassato prossimo
avevo cotto
avevi cotto
aveva cotto
avevamo cotto
avevate cotto
avevano cotto

Passato remoto
cossi
c(u)ocesti
cosse
c(u)ocemmo
c(u)oceste
cossero

Trapassato remoto
ebbi cotto
avesti cotto
ebbe cotto
avemmo cotto
aveste cotto
ebbero cotto

Futuro semplice
c(u)ocerò
c(u)ocerai
c(u)ocerà
c(u)oceremo
c(u)ocerete
c(u)oceranno

Futuro composto
avrò cotto
avrai cotto
avrà cotto
avremo cotto
avrete cotto
avranno cotto

Congiuntivo

Presente
cuocia
cuocia
cuocia
c(u)ociamo
c(u)ociate
cuociano

Imperfetto
c(u)ocessi
c(u)ocessi
c(u)ocesse
c(u)ocessimo
c(u)oceste
c(u)ocessero

Passato
abbia cotto
abbia cotto
abbia cotto
abbiamo cotto
abbiate cotto
abbiano cotto

Trapassato
avessi cotto
avessi cotto
avesse cotto
avessimo cotto
aveste cotto
avessero cotto

Condizionale

Semplice
c(u)ocerei
c(u)oceresti
c(u)ocerebbe
c(u)oceremmo
c(u)ocereste
c(u)ocerebbero

Composto
avrei cotto
avresti cotto
avrebbe cotto
avremmo cotto
avreste cotto
avrebbero cotto

Imperativo
(tu) cuoci
(Lei) cuocia
(noi) c(u)ociamo
(voi) c(u)ocete
(loro) cuociano

Infinito passato
avere cotto

Participio

Presente
c(u)ocente

Passato
cotto

Gerundio

Presente
c(u)ocendo

Passato
avendo cotto

cuocere *kochen, garen*

 Anwendungsbeispiele

L'arrosto **cuoce nel** forno. *Der Braten gart im Ofen.*
Quanti minuti **hai cotto** la pasta? *Wie viele Minuten hast du die Nudeln gekocht?*
Mentre aspettate che il riso **cuocia**, preparate l'insalata. *Während ihr wartet, dass der Reis gart, bereitet ihr den Salat zu.*
Buttò via l'acqua in cui **ebbero cotto** le uova. *Er/Sie schüttete das Wasser weg, in dem die Eier gekocht hatten.*
La vegetazione **cosse col** calore eccessivo. *Die Vegetation verbrannte durch die extreme Hitze.*

 Redewendungen

cuocere la pasta *Nudeln kochen*
cuocere a fuoco vivo/lento *sprudelnd/langsam kochen*
cuocere alla brace *rösten*
cuocere in forno *backen*
cuocere sulla griglia *grillen*
cuocere in padella *in der Pfanne braten*
cuocere in umido *dünsten*
cuocere mattoni *Ziegel brennen*

 Ähnliche Verben

cucinare *kochen*   scuocere *verkochen, verbrennen*
(far) bollire *in Wasser kochen*
preparare *zubereiten*

 Aufgepasst!

Um die Aussprache zu erhalten, wird vor den Endungen, die mit -a oder -o beginnen, ein -i eingefügt: (io) **cuocio** usw.
Bei den endungsbetonten Formen gibt es zunehmend die Tendenz, das -u des Stammes wegzulassen, z.B. (noi) **cociamo**, (io) **cocerò**.

 Tipps & Tricks

Das Verb **cuocere** bedeutet in erster Linie *kochen (lassen)*, *garen*. Für *kochen* im Sinne von *Essen zubereiten* wird stets das Verb **cucinare** verwendet.

1. Konjugation

㉑ dare *geben*

Indicativo

Presente
- do
- dai
- dà
- diamo
- date
- danno

Passato prossimo
- ho dato
- hai dato
- ha dato
- abbiamo dato
- avete dato
- hanno dato

Imperfetto
- davo
- davi
- dava
- davamo
- davate
- davano

Trapassato prossimo
- avevo dato
- avevi dato
- aveva dato
- avevamo dato
- avevate dato
- avevano dato

Passato remoto
- diedi/detti
- desti
- diede/dette
- demmo
- deste
- diedero/dettero

Trapassato remoto
- ebbi dato
- avesti dato
- ebbe dato
- avemmo dato
- aveste dato
- ebbero dato

Futuro semplice
- darò
- darai
- darà
- daremo
- darete
- daranno

Futuro composto
- avrò dato
- avrai dato
- avrà dato
- avremo dato
- avrete dato
- avranno dato

Congiuntivo

Presente
- dia
- dia
- dia
- diamo
- diate
- diano

Imperfetto
- dessi
- dessi
- desse
- dessimo
- deste
- dessero

Passato
- abbia dato
- abbia dato
- abbia dato
- abbiamo dato
- abbiate dato
- abbiano dato

Trapassato
- avessi dato
- avessi dato
- avesse dato
- avessimo dato
- aveste dato
- avessero dato

Condizionale

Semplice
- darei
- daresti
- darebbe
- daremmo
- dareste
- darebbero

Composto
- avrei dato
- avresti dato
- avrebbe dato
- avremmo dato
- avreste dato
- avrebbero dato

Imperativo
- (tu) da'/dai
- (Lei) dia
- (noi) diamo
- (voi) date
- (loro) diano

Infinito passato
avere dato

Participio

Presente
dante

Passato
dato

Gerundio

Presente
dando

Passato
avendo dato

dare *geben*

 Anwendungsbeispiele

Ti **do** il mio indirizzo. *Ich gebe dir meine Adresse.*
Mi **dia** un chilo di pomodori, per favore. *Geben Sie mir bitte ein Kilo Tomaten.*
Sapevo che ti **avrebbe dato risposta**. *Ich wusste, dass er/sie dir antworten würde.*
Alla TV **danno** un film d'orrore. *Im Fernsehen läuft ein Horrorfilm.*
Può darsi che venga anche lei. *Es kann sein, dass auch sie kommt.*

 Redewendungen

dare una mano a qu. *jdm. helfen*
dare fastidio *stören*
dare notizia *Nachricht geben*
dare peso a qc. *auf etw. Wert legen*
dare retta a qu. *auf jdn. hören*
dare del tu/Lei a qu. *jdn. duzen/siezen*
dare nell'occhio *ins Auge springen*
darsi a qc. *sich einer Sache widmen*
darsi per *sich ausgeben als/für*
darsi per vinto *sich geschlagen geben*
darsi da fare *sich engagieren*

 Ähnliche Verben

porgere *reichen*   ridare *zurückgeben*
regalare *schenken*
offrire *geben, anbieten*

 Aufgepasst!

Das Verb **dare** weist in vielen Formen Unregelmäßigkeiten und Stammveränderungen auf. Im Imperfetto, im Futuro semplice sowie im Condizionale semplice bleibt das -a des Stammes stets erhalten: (noi) d**a**vamo, (io) d**a**rò, (tu) d**a**resti. Beachten Sie, dass es im Passato remoto und im Imperativo Doppelformen gibt.

 Tipps & Tricks

Die Konjugationen von **dare** und **stare** *sich befinden*, *stehen* sind sehr ähnlich. Am besten lernen Sie diese Verben zusammen!

decidere *entscheiden*

Indicativo

Presente
decido
decidi
decide
decidiamo
decidete
decidono

Passato prossimo
ho deciso
hai deciso
ha deciso
abbiamo deciso
avete deciso
hanno deciso

Imperfetto
decidevo
decidevi
decideva
decidevamo
decidevate
decidevano

Trapassato prossimo
avevo deciso
avevi deciso
aveva deciso
avevamo deciso
avevate deciso
avevano deciso

Passato remoto
decisi
decidesti
decise
decidemmo
decideste
decisero

Trapassato remoto
ebbi deciso
avesti deciso
ebbe deciso
avemmo deciso
aveste deciso
ebbero deciso

Futuro semplice
deciderò
deciderai
deciderà
decideremo
deciderete
decideranno

Futuro composto
avrò deciso
avrai deciso
avrà deciso
avremo deciso
avrete deciso
avranno deciso

Congiuntivo

Presente
decida
decida
decida
decidiamo
decidiate
decidano

Imperfetto
decidessi
decidessi
decidesse
decidessimo
decideste
decidessero

Passato
abbia deciso
abbia deciso
abbia deciso
abbiamo deciso
abbiate deciso
abbiano deciso

Trapassato
avessi deciso
avessi deciso
avesse deciso
avessimo deciso
aveste deciso
avessero deciso

Condizionale

Semplice
deciderei
decideresti
deciderebbe
decideremmo
decidereste
deciderebbero

Composto
avrei deciso
avresti deciso
avrebbe deciso
avremmo deciso
avreste deciso
avrebbero deciso

Imperativo
(tu) decidi
(Lei) decida
(noi) decidiamo
(voi) decidete
(loro) decidano

Infinito passato
avere deciso

Participio

Presente
decidente

Passato
deciso

Gerundio

Presente
decidendo

Passato
avendo deciso

decidere *entscheiden*

Anwendungsbeispiele
Decidono di aspettarlo. *Sie beschließen, auf ihn zu warten.*
Non **abbiamo** ancora **deciso** dove andare. *Wir haben noch nicht entschieden, wohin wir gehen.*
Decisi di vendere la macchina. *Ich beschloss, das Auto zu verkaufen.*
Alla fin fine **decideva** sempre lei. *Letzten Endes entschied immer sie.*
Non saprei che cosa prendere, **decidi** tu! *Ich weiß nicht recht, was ich nehmen soll, entscheide du!*

Redewendungen
decidere di fare qc. *beschließen, etw. zu tun*
decidere una data *einen Zeitpunkt festsetzen*
decidere una lite *über einen Rechtsstreit entscheiden*
decidersi *sich entscheiden*
decidersi di fare qc. *beschließen, etw. zu tun*
non sapere decidersi *sich nicht entscheiden können*
decidersi in favore di/contro qc. *sich für/gegen etw. entscheiden*

Ähnliche Verben
prendere una decisione *eine Entscheidung treffen*
risolversi *sich entschließen*
deliberare qc. *über etw. entscheiden*
disporre *anordnen, bestimmen*
fissare *festlegen*
convenire *übereinkommen*
coincidere *zusammenfallen*
incidere *belasten, einschneiden*
recidere *abschneiden*
uccidere *töten*

Aufgepasst!
Das Verb **decidere** gehört zu einer Reihe von Verben der 2. Konjugation, die lediglich im Participio und im Passato remoto der 1. und 3. Person Singular sowie der 3. Person Plural Unregelmäßigkeiten aufweisen.

Tipps & Tricks
Nicht nur alle Zusammensetzungen aus Präfix + **-cidere**, sondern auch solche aus Präfix + **-cludere** sowie manche Verben auf **-dere** werden wie **decidere** konjugiert, z. B. **ridere** *lachen* und **chiudere** *schließen*.

2. Konjugation

 **dire** *sagen*   Infinitiv zusammengezogen aus lat. *dicere*

Indicativo

Presente	Passato prossimo
dico	ho detto
dici	hai detto
dice	ha detto
diciamo	abbiamo detto
dite	avete detto
dicono	hanno detto

Imperfetto	Trapassato prossimo
dicevo	avevo detto
dicevi	avevi detto
diceva	aveva detto
dicevamo	avevamo detto
dicevate	avevate detto
dicevano	avevano detto

Passato remoto	Trapassato remoto
dissi	ebbi detto
dicesti	avesti detto
disse	ebbe detto
dicemmo	avemmo detto
diceste	aveste detto
dissero	ebbero detto

Futuro semplice	Futuro composto
dirò	avrò detto
dirai	avrai detto
dirà	avrà detto
diremo	avremo detto
direte	avrete detto
diranno	avranno detto

Congiuntivo

Presente
dica
dica
dica
diciamo
diciate
dicano

Imperfetto
dicessi
dicessi
dicesse
dicessimo
diceste
dicessero

Passato
abbia detto
abbia detto
abbia detto
abbiamo detto
abbiate detto
abbiano detto

Trapassato
avessi detto
avessi detto
avesse detto
avessimo detto
aveste detto
avessero detto

Condizionale

Semplice
direi
diresti
direbbe
diremmo
direste
direbbero

Composto
avrei detto
avresti detto
avrebbe detto
avremmo detto
avreste detto
avrebbero detto

Imperativo

(tu)	di'
(Lei)	dica
(noi)	diciamo
(voi)	dite
(loro)	dicano

Infinito passato
avere detto

Participio

Presente	Passato
dicente	detto

Gerundio

Presente	Passato
dicendo	avendo detto

dire *sagen*

Anwendungsbeispiele
Che ne **dici di** questa idea? *Was **sagst du zu** dieser Idee?*
Non ci **avete detto** la verità. *Ihr habt uns nicht die Wahrheit **gesagt.***
Mi sa **dire** che ore sono? *Können Sie mir **sagen**, wie spät es ist?*
Come **si dice in** italiano? *Was heißt/Wie **sagt man das auf** Italienisch?*

Redewendungen
dire buongiorno a qu. *jdm. Guten Tag sagen*
dire bugie *lügen*
a dire il vero *um die Wahrheit zu sagen*
dire la sua *seine Meinung sagen*
dire sul serio *es ernst meinen*
dire di sì/no *Ja/Nein sagen*
volere dire *bedeuten*
avere un bel dire *gut reden haben*

Ähnliche Verben
parlare *reden, sprechen*
raccontare *erzählen*
spiegare *erklären*
dichiarare *aussagen*
conversare *sich unterhalten*
pensare *meinen, denken*
credere *glauben*

disdire *absagen, kündigen*
contraddire qu. *jdm. widersprechen*
benedire *segnen*
indire *ansagen, ausschreiben, einberufen*
interdire *verbieten*
maledire *verdammen, verfluchen*
predire *vorher-, voraussagen*

Aufgepasst!
Im Futuro semplice und im Condizionale semplice ist das Verb dire regelmäßig. In den anderen Zeiten und im Congiuntivo wird jedoch auf die ursprüngliche Form dicere zurückgegriffen: (io) di**c**o, (lui) di**c**eva, (voi) di**c**este usw. (vgl. auch fare *tun*). Aufgrund seiner Abstammung gehört dire zur 2. Konjugation.

Tipps & Tricks
Prägen Sie sich neben dire auch den veralteten Infinitiv dicere ein, sodass Sie die unregelmäßigen Formen leicht ableiten können.

2. Konjugation

dirigere *leiten*

Indicativo

Presente
dirigo
dirigi
dirige
dirigiamo
dirigete
dirigono

Passato prossimo
ho diretto
hai diretto
ha diretto
abbiamo diretto
avete diretto
hanno diretto

Imperfetto
dirigevo
dirigevi
dirigeva
dirigevamo
dirigevate
dirigevano

Trapassato prossimo
avevo diretto
avevi diretto
aveva diretto
avevamo diretto
avevate diretto
avevano diretto

Passato remoto
diressi
dirigesti
diresse
dirigemmo
dirigeste
diressero

Trapassato remoto
ebbi diretto
avesti diretto
ebbe diretto
avemmo diretto
aveste diretto
ebbero diretto

Futuro semplice
dirigerò
dirigerai
dirigerà
dirigeremo
dirigerete
dirigeranno

Futuro composto
avrò diretto
avrai diretto
avrà diretto
avremo diretto
avrete diretto
avranno diretto

Congiuntivo

Presente
diriga
diriga
diriga
dirigiamo
dirigiate
dirigano

Imperfetto
dirigessi
dirigessi
dirigesse
dirigessimo
dirigeste
dirigessero

Passato
abbia diretto
abbia diretto
abbia diretto
abbiamo diretto
abbiate diretto
abbiano diretto

Trapassato
avessi diretto
avessi diretto
avesse diretto
avessimo diretto
aveste diretto
avessero diretto

Condizionale

Semplice
dirigerei
dirigeresti
dirigerebbe
dirigeremmo
dirigereste
dirigerebbero

Composto
avrei diretto
avresti diretto
avrebbe diretto
avremmo diretto
avreste diretto
avrebbero diretto

Imperativo

(tu) dirigi
(Lei) diriga
(noi) dirigiamo
(voi) dirigete
(loro) dirigano

Infinito passato
avere diretto

Participio

Presente
dirigente

Passato
diretto

Gerundio

Presente
dirigendo

Passato
avendo diretto

dirigere *leiten*

Anwendungsbeispiele
Chi **dirige** il concerto di capodanno al Teatro La Fenice? *Wer dirigiert das Neujahrskonzert im Theater La Fenice?*
Per cinque anni **diresse** la biblioteca comunale. *Fünf Jahre lang leitete er/sie die Gemeindebücherei.*
Hanno diretto insieme un film d'animazione. *Sie haben gemeinsam bei einem Animationsfilm Regie geführt.*
Le nuvole **si dirigono** lentamente **verso** il mare. *Die Wolken ziehen langsam in Richtung Meer.*

Redewendungen
dirigere l'attenzione su qc./qu. *die Aufmerksamkeit richten auf etw./jdn.*
dirigere i passi verso casa *die Schritte heimwärts lenken*
dirigere lo sguardo a qc./qu. *den Blick richten auf etw./jdn.*
dirigere un coro/un'orchestra *einen Chor/ein Orchester dirigieren*
dirigere una ditta *eine Firma leiten*
dirigere il traffico *den Verkehr regeln*
dirigersi a qu. *auf jdn. zugehen, sich an jdn. wenden*

Ähnliche Verben
avviare *lenken, leiten* erigere *errichten, erbauen*
comandare *befehligen*
condurre *leiten, führen*
gestire *führen*
presiedere *leiten*
reggere *führen, regieren*

Aufgepasst!
Das Verb **dirigere** weist Unregelmäßigkeiten im Participio passato und im Passato remoto (1. und 3. Person Singular sowie 3. Person Plural) auf. Beachten Sie, dass sich dabei der Stammvokal ändert: **(tu) dirigesti** ➔ **(lui) diresse, diretto**.

Tipps & Tricks
Prägen Sie sich auch die vom Participio **diretto** abgeleiteten Substantive **il direttore/la direttrice** *der Direktor/die Direktorin* sowie **il (treno) diretto** *der Eilzug* ein.

discutere *diskutieren*

Indicativo

Presente
- discuto
- discuti
- discute
- discutiamo
- discutete
- discutono

Passato prossimo
- ho discusso
- hai discusso
- ha discusso
- abbiamo discusso
- avete discusso
- hanno discusso

Imperfetto
- discutevo
- discutevi
- discuteva
- discutevamo
- discutevate
- discutevano

Trapassato prossimo
- avevo discusso
- avevi discusso
- aveva discusso
- avevamo discusso
- avevate discusso
- avevano discusso

Passato remoto
- discussi
- discutesti
- discusse
- discutemmo
- discuteste
- discussero

Trapassato remoto
- ebbi discusso
- avesti discusso
- ebbe discusso
- avemmo discusso
- aveste discusso
- ebbero discusso

Futuro semplice
- discuterò
- discuterai
- discuterà
- discuteremo
- discuterete
- discuteranno

Futuro composto
- avrò discusso
- avrai discusso
- avrà discusso
- avremo discusso
- avrete discusso
- avranno discusso

Congiuntivo

Presente
- discuta
- discuta
- discuta
- discutiamo
- discutiate
- discutano

Imperfetto
- discutessi
- discutessi
- discutesse
- discutessimo
- discuteste
- discutessero

Passato
- abbia discusso
- abbia discusso
- abbia discusso
- abbiamo discusso
- abbiate discusso
- abbiano discusso

Trapassato
- avessi discusso
- avessi discusso
- avesse discusso
- avessimo discusso
- aveste discusso
- avessero discusso

Condizionale

Semplice
- discuterei
- discuteresti
- discuterebbe
- discuteremmo
- discutereste
- discuterebbero

Composto
- avrei discusso
- avresti discusso
- avrebbe discusso
- avremmo discusso
- avreste discusso
- avrebbero discusso

Imperativo
- (tu) discuti
- (Lei) discuta
- (noi) discutiamo
- (voi) discutete
- (loro) discutano

Infinito passato
avere discusso

Participio

Presente
- discutente

Passato
- discusso

Gerundio

Presente
- discutendo

Passato
- avendo discusso

discutere *diskutieren*

 Anwendungsbeispiele

Ora non voglio più **discutere** questo problema. *Ich will dieses Problem jetzt nicht mehr besprechen.*

Prima di decidere **discutiamo**. *Bevor wir eine Entscheidung treffen, diskutieren wir.*

Paola e Stefano **hanno discusso** tutta la notte. *Paola und Stefano haben die ganze Nacht gestritten.*

Secondo me è inutile che **discutiate** questa decisione. *Es ist meiner Meinung nach sinnlos, dass ihr diese Entscheidung infrage stellt.*

 Redewendungen

discutere un problema *ein Problem besprechen*
discutere un testo *einen Text besprechen*
discutere a voce alta *sich laut streiten, laut diskutieren*
discutere su una faccenda *über eine Angelegenheit sprechen*
discutere sul prezzo *über den Preis verhandeln*
discutere una decisione *eine Entscheidung infrage stellen*

 Ähnliche Verben

parlare *reden, sprechen*
argomentare *argumentieren*
consultarsi *sich beraten*
conversare *sich unterhalten*
dibattere *debattieren*
litigare *streiten*

 Aufgepasst!

Das Verb **discutere** ist lediglich im Participio und im Passato remoto unregelmäßig.
Die Betonung liegt nicht nur in den stammbetonten Formen auf dem **-u** (z. B. **discu**tono, **discu**ssi), sondern ausnahmsweise auch im Infinito.

 Tipps & Tricks

Die unregelmäßigen Formen sind für Sie leichter abzuleiten, wenn Sie dabei an das Substantiv **la discussione** *die Diskussion* denken.

2. Konjugation

(26) dovere *müssen, sollen*

Indicativo

Presente
devo/debbo
devi
deve
dobbiamo
dovete
devono/debbono

Passato prossimo
ho dovuto
hai dovuto
ha dovuto
abbiamo dovuto
avete dovuto
hanno dovuto

Imperfetto
dovevo
dovevi
doveva
dovevamo
dovevate
dovevano

Trapassato prossimo
avevo dovuto
avevi dovuto
aveva dovuto
avevamo dovuto
avevate dovuto
avevano dovuto

Passato remoto
dovei/dovetti
dovesti
dové/dovette
dovemmo
doveste
doverono/dovettero

Trapassato remoto
ebbi dovuto
avesti dovuto
ebbe dovuto
avemmo dovuto
aveste dovuto
ebbero dovuto

Futuro semplice
dovrò
dovrai
dovrà
dovremo
dovrete
dovranno

Futuro composto
avrò dovuto
avrai dovuto
avrà dovuto
avremo dovuto
avrete dovuto
avranno dovuto

Congiuntivo

Presente
debba
debba
debba
dobbiamo
dobbiate
debbano

Imperfetto
dovessi
dovessi
dovesse
dovessimo
doveste
dovessero

Passato
abbia dovuto
abbia dovuto
abbia dovuto
abbiamo dovuto
abbiate dovuto
abbiano dovuto

Trapassato
avessi dovuto
avessi dovuto
avesse dovuto
avessimo dovuto
aveste dovuto
avessero dovuto

Condizionale

Semplice
dovrei
dovresti
dovrebbe
dovremmo
dovreste
dovrebbero

Composto
avrei dovuto
avresti dovuto
avrebbe dovuto
avremmo dovuto
avreste dovuto
avrebbero dovuto

Imperativo
–
–
–
–
–

Infinito passato
avere dovuto

Participio

Presente
dovente

Passato
dovuto

Gerundio

Presente
dovendo

Passato
avendo dovuto

dovere *müssen, sollen*

 Anwendungsbeispiele
Ora **devo** proprio andare. *Ich muss jetzt wirklich gehen.*
Dobbiamo fare lo scontrino prima. *Wir müssen zuerst den Kassenbeleg holen.*
Quanto **dovrà** stare in ospedale? *Wie lange wird er/sie im Krankenhaus bleiben müssen?*
Che strano, **dovrebbe** già essere tornato. *Seltsam, er müsste eigentlich schon zurück sein.*
Avresti dovuto dirmelo. *Du hättest es mir sagen sollen.*
Indossate il casco **come si deve**! *Setzt den Helm auf, wie es sich gehört!*

 Redewendungen
dovere mantenere la promessa *das Versprechen halten müssen*
dovere qc. a qu. *jdm. etw. schulden*

 Ähnliche Verben
bisogna *es ist nötig, man muss*
essere necessario *nötig sein*
avere il compito di fare qc. *die Aufgabe haben, etw. zu tun*
essere costretto a fare qc. *gezwungen sein, etw. zu tun*
essere obbligato a fare qc. *verpflichtet sein, etw. zu tun*

 Aufgepasst!
Das Verb **dovere** weist Stammveränderungen im Indicativo presente und im Congiuntivo presente auf. Beachten Sie auch den verkürzten Verbstamm im Futuro semplice sowie im Condizionale semplice: **(io) dovrò**, **(voi) dovreste** usw.

In der Regel werden die zusammengesetzten Zeiten von **dovere** mit dem Hilfsverb **avere** *haben* gebildet. Das Hilfsverb **essere** *sein* wird nur verwendet, wenn **dovere** vor einem Verb steht, das als Hilfsverb **essere** verlangt:
Ho dovuto pagare. *Ich musste zahlen.*
Sono dovuto andare. *Ich musste gehen.*

 Tipps & Tricks
Das Verb **dovere** zählt wie **potere** *können*, **sapere** *wissen* und **volere** *wollen* zu den Modalverben. Da diese Verben sehr häufig gebraucht werden, sollten Sie die entsprechenden Konjugationen gut beherrschen.

esprimere *ausdrücken*

Indicativo

Presente
esprimo
esprimi
esprime
esprimiamo
esprimete
esprimono

Passato prossimo
ho espresso
hai espresso
ha espresso
abbiamo espresso
avete espresso
hanno espresso

Imperfetto
esprimevo
esprimevi
esprimeva
esprimevamo
esprimevate
esprimevano

Trapassato prossimo
avevo espresso
avevi espresso
aveva espresso
avevamo espresso
avevate espresso
avevano espresso

Passato remoto
espressi
esprimesti
espresse
esprimemmo
esprimeste
espressero

Trapassato remoto
ebbi espresso
avesti espresso
ebbe espresso
avemmo espresso
aveste espresso
ebbero espresso

Futuro semplice
esprimerò
esprimerai
esprimerà
esprimeremo
esprimerete
esprimeranno

Futuro composto
avrò espresso
avrai espresso
avrà espresso
avremo espresso
avrete espresso
avranno espresso

Congiuntivo

Presente
esprima
esprima
esprima
esprimiamo
esprimiate
esprimano

Imperfetto
esprimessi
esprimessi
esprimesse
esprimessimo
esprimeste
esprimessero

Passato
abbia espresso
abbia espresso
abbia espresso
abbiamo espresso
abbiate espresso
abbiano espresso

Trapassato
avessi espresso
avessi espresso
avesse espresso
avessimo espresso
aveste espresso
avessero espresso

Condizionale

Semplice
esprimerei
esprimeresti
esprimerebbe
esprimeremmo
esprimereste
esprimerebbero

Composto
avrei espresso
avresti espresso
avrebbe espresso
avremmo espresso
avreste espresso
avrebbero espresso

Imperativo
(tu) esprimi
(Lei) esprima
(noi) esprimiamo
(voi) esprimete
(loro) esprimano

Infinito passato
avere espresso

Participio

Presente
esprimente

Passato
espresso

Gerundio

Presente
esprimendo

Passato
avendo espresso

esprimere *ausdrücken*

 Anwendungsbeispiele
Con la musica si possono **esprimere** molte cose. *Mit Musik lassen sich viele Dinge zum Ausdruck bringen.*
Ho espresso la mia opinione. *Ich habe meine Meinung geäußert.*
Espresse il desiderio di essere indipendente. *Er/Sie drückte den Wunsch aus, unabhängig zu sein.*
Aiutaci a migliorare il sito **esprimendo** la tua opinione. *Hilf uns, die Website zu verbessern, indem du deine Meinung äußerst.*

 Redewendungen
esprimere un desiderio *einen Wunsch äußern*
esprimere la propria opinione *seine Meinung äußern*
esprimere pensieri/sentimenti *Gedanken/Gefühlen Ausdruck verleihen*
esprimersi *sich ausdrücken*
esprimersi chiaramente *sich klar und deutlich ausdrücken*
non saper esprimersi *sich nicht ausdrücken können*

 Ähnliche Verben

manifestare *äußern*	comprimere *zusammendrücken*
parlare *sprechen*	deprimere *bedrücken*
dire *sagen*	imprimere *einprägen, aufdrücken*
pronunciare *formulieren*	opprimere *unterdrücken*
	reprimere *unterdrücken*
	sopprimere *abschaffen*

 Aufgepasst!
Esprimere gehört zu den Verben der 2. Konjugation, die lediglich im Participio und im Passato remoto unregelmäßig sind. Beachten Sie, dass sich in den entsprechenden Formen der Stammvokal ändert!
Die Betonung liegt nicht nur in den stammbetonten Formen (z. B. **esprimo**) auf dem -i, sondern ausnahmsweise auch im Infinito.

 Tipps & Tricks
Das Participio espresso ist Ihnen sicher geläufig. Lernen Sie als Formenreihe: esprimere – espressi – espresso. Vom Passato remoto der 1. Person Singular können Sie die Formen der 3. Person Singular und Plural leicht ableiten.

2. Konjugation

fare *machen, tun*

Infinitiv zusammengezogen aus lat. **facere**

Indicativo

Presente	Passato prossimo
faccio	ho fatto
fai	hai fatto
fa	ha fatto
facciamo	abbiamo fatto
fate	avete fatto
fanno	hanno fatto

Imperfetto	Trapassato prossimo
facevo	avevo fatto
facevi	avevi fatto
faceva	aveva fatto
facevamo	avevamo fatto
facevate	avevate fatto
facevano	avevano fatto

Passato remoto	Trapassato remoto
feci	ebbi fatto
facesti	avesti fatto
fece	ebbe fatto
facemmo	avemmo fatto
faceste	aveste fatto
fecero	ebbero fatto

Futuro semplice	Futuro composto
farò	avrò fatto
farai	avrai fatto
farà	avrà fatto
faremo	avremo fatto
farete	avrete fatto
faranno	avranno fatto

Congiuntivo

Presente
faccia
faccia
faccia
facciamo
facciate
facciano

Imperfetto
facessi
facessi
facesse
facessimo
faceste
facessero

Passato
abbia fatto
abbia fatto
abbia fatto
abbiamo fatto
abbiate fatto
abbiano fatto

Trapassato
avessi fatto
avessi fatto
avesse fatto
avessimo fatto
aveste fatto
avessero fatto

Condizionale

Semplice
farei
faresti
farebbe
faremmo
fareste
farebbero

Composto
avrei fatto
avresti fatto
avrebbe fatto
avremmo fatto
avreste fatto
avrebbero fatto

Imperativo

(tu)	fa'/fai
(Lei)	faccia
(noi)	facciamo
(voi)	fate
(loro)	facciano

Infinito passato
avere fatto

Participio

Presente — facente

Passato — fatto

Gerundio

Presente — facendo

Passato — avendo fatto

fare *machen, tun*

 Anwendungsbeispiele
E adesso, che cosa vuoi **fare**? *Was willst du jetzt **tun**?*
Mia sorella **fa** sempre **tardi**. *Meine Schwester **kommt** immer **zu spät**.*
Abbiamo già **fatto** i nostri compiti. *Wir haben unsere Aufgaben schon gemacht.*
L'anno scorso **faceva** troppo caldo. *Letztes Jahr war es zu warm.*
Vi **farò vedere** le mie foto. *Ich werde euch meine Fotos zeigen.*

 Redewendungen
fare vedere *zeigen*
fare sapere qc. a qu. *jdn. etw. wissen lassen*
far fare qc. a qu. *jdn. veranlassen, etw. zu tun/jdn. etw. tun lassen*
fare l'ingegnere/il professore *Ingenieur/Lehrer sein*
fare spese/la spesa *einkaufen*
fare male *wehtun*
fare tardi *zu spät kommen*
fare finta di *so tun als ob*
fare a meno di qc. *ohne etw. auskommen*
fare caldo/freddo/bello *warm/kalt/schön sein*

 Ähnliche Verben
rifare *neu machen, wiederholen*
soddisfare qu. *jdn. zufriedenstellen*
stupefare qu. *jdn. erstaunen*
farcela *es schaffen*

 Gebrauch
Da das Verb **fare** von dem lateinischen Infinitiv **facere** abgeleitet wird, gehört es zur 2. Konjugation. In vielen Formen ist das **-c** dieser ursprünglichen Form erhalten geblieben: (io) fa**cc**io, (lui) fa**c**eva, (loro) fa**c**essero usw.
Häufig ersetzen Wendungen aus **fare** + Substantiv das entsprechende Verb, wie z. B. **fare un viaggio** anstelle von **viaggiare** *reisen*.

 Tipps & Tricks
Prägen Sie sich neben **fare** auch den veralteten Infinitiv **facere** ein, sodass Sie die unregelmäßigen Formen leichter ableiten können.

3. Konjugation

finire *beenden* — Verb mit Stammerweiterung **-isc**

Indicativo

Presente
finisco
finisci
finisce
finiamo
finite
finiscono

Passato prossimo
ho finito
hai finito
ha finito
abbiamo finito
avete finito
hanno finito

Imperfetto
finivo
finivi
finiva
finivamo
finivate
finivano

Trapassato prossimo
avevo finito
avevi finito
aveva finito
avevamo finito
avevate finito
avevano finito

Passato remoto
finii
finisti
finì
finimmo
finiste
finirono

Trapassato remoto
ebbi finito
avesti finito
ebbe finito
avemmo finito
aveste finito
ebbero finito

Futuro semplice
finirò
finirai
finirà
finiremo
finirete
finiranno

Futuro composto
avrò finito
avrai finito
avrà finito
avremo finito
avrete finito
avranno finito

Congiuntivo

Presente
finisca
finisca
finisca
finiamo
finiate
finiscano

Imperfetto
finissi
finissi
finisse
finissimo
finiste
finissero

Passato
abbia finito
abbia finito
abbia finito
abbiamo finito
abbiate finito
abbiano finito

Trapassato
avessi finito
avessi finito
avesse finito
avessimo finito
aveste finito
avessero finito

Condizionale

Semplice
finirei
finiresti
finirebbe
finiremmo
finireste
finirebbero

Composto
avrei finito
avresti finito
avrebbe finito
avremmo finito
avreste finito
avrebbero finito

Imperativo
(tu) finisci
(Lei) finisca
(noi) finiamo
(voi) finite
(loro) finiscano

Infinito passato
avere finito

Participio

Presente
finente

Passato
finito

Gerundio

Presente
finendo

Passato
avendo finito

finire *beenden*

Anwendungsbeispiele
Finisco ancora il caffè e poi vengo. *Ich trinke noch den Espresso aus und dann komme ich.*
Finiamola! *Es reicht!*
Hai finito di leggere il giornale? *Hast du die Zeitung fertig gelesen?*
Abbiamo finito il latte. *Uns ist die Milch ausgegangen.*
Dov'è **finita** la mia penna? *Wo ist mein Stift hingekommen?*
Chissà dov'è andato a **finire** ... *Wer weiß, was aus ihm geworden ist ...*

Redewendungen
finire un libro *ein Buch beenden*
finire un discorso *ein Gespräch beenden, eine Diskussion abschließen*
finire di mangiare/parlare *fertig essen/ausreden*
finire bene/male *gut/böse enden*

Ähnliche Verben
smettere *aufhören*
compiere *beenden, vollenden*
cessare *aufhören, einstellen*
concludere *beenden, schließen*
terminare *beenden, abschließen*

definire *beschreiben, definieren, erklären*
rifinire *vollenden*

Aufgepasst!
Finire gehört zu einer Gruppe regelmäßiger Verben auf -ire, die im Presente (Indicativo und Congiuntivo) sowie im Imperativo die Stammerweiterung -isc aufweisen: (io) fin**isc**o, (loro) fin**isc**ano, (Lei) fin**isc**a usw. Beachten Sie jedoch, dass die 2. und 3. Person Plural stets regelmäßig gebildet werden!

Die zusammengesetzten Zeiten von finire werden nur dann mit dem Hilfsverb essere *sein* gebildet, wenn das Verb intransitiv gebraucht wird:
Il film **è finito**. *Der Film ist zu Ende.*

Tipps & Tricks
Prägen Sie sich bei den Verben mit Stammerweiterung -isc stets auch die 1. Person Singular ein: finire – finisco, capire *verstehen* – capisco, preferire *vorziehen* – preferisco.

2. Konjugation

fondere *schmelzen, gießen*

Indicativo

Presente
fondo
fondi
fonde
fondiamo
fondete
fondono

Passato prossimo
ho fuso
hai fuso
ha fuso
abbiamo fuso
avete fuso
hanno fuso

Imperfetto
fondevo
fondevi
fondeva
fondevamo
fondevate
fondevano

Trapassato prossimo
avevo fuso
avevi fuso
aveva fuso
avevamo fuso
avevate fuso
avevano fuso

Passato remoto
fusi
fondesti
fuse
fondemmo
fondeste
fusero

Trapassato remoto
ebbi fuso
avesti fuso
ebbe fuso
avemmo fuso
aveste fuso
ebbero fuso

Futuro semplice
fonderò
fonderai
fonderà
fonderemo
fonderete
fonderanno

Futuro composto
avrò fuso
avrai fuso
avrà fuso
avremo fuso
avrete fuso
avranno fuso

Congiuntivo

Presente
fonda
fonda
fonda
fondiamo
fondiate
fondano

Imperfetto
fondessi
fondessi
fondesse
fondessimo
fondeste
fondessero

Passato
abbia fuso
abbia fuso
abbia fuso
abbiamo fuso
abbiate fuso
abbiano fuso

Trapassato
avessi fuso
avessi fuso
avesse fuso
avessimo fuso
aveste fuso
avessero fuso

Condizionale

Semplice
fonderei
fonderesti
fonderebbe
fonderemmo
fondereste
fonderebbero

Composto
avrei fuso
avresti fuso
avrebbe fuso
avremmo fuso
avreste fuso
avrebbero fuso

Imperativo
(tu) fondi
(Lei) fonda
(noi) fondiamo
(voi) fondete
(loro) fondano

Infinito passato
avere fuso

Participio

Presente
fondente

Passato
fuso

Gerundio

Presente
fondendo

Passato
avendo fuso

fondere *schmelzen, gießen*

 Anwendungsbeispiele
L'oro **fonde a** 1064 gradi. *Gold schmilzt bei 1064 Grad.*
Il calore del sole **ha fuso** il ghiaccio. *Die Sonnenwärme hat das Eis geschmolzen.*
Il vetro **viene** raccolto e **fuso** per riciclarlo. *Das Glas wird gesammelt und eingeschmolzen, um es wiederzuverwerten.*
L'artista **fonderà** la statua **in** bronzo. *Der Künstler/Die Künstlerin wird die Statue in Bronze gießen.*
Nel 1990 **fusero** le loro ditta. *1990 schlossen sie ihre Firmen zusammen.*
Si sono fusi per motivi finanziari. *Sie haben sich aus finanziellen Gründen vereinigt.*

 Redewendungen
fondere l'oro/il bronzo *Gold/Bronze (ein)schmelzen*
fondere una campana *eine Glocke gießen*
fondere due classi *zwei Klassen zusammenlegen*
fondersi *sich zusammenschließen/vereinigen, fusionieren*

 Ähnliche Verben
confondere *verwechseln, durcheinanderbringen*
diffondere *aus-/verbreiten*
effondere *ergießen*
infondere *einflößen, erwecken*
profondere *austeilen, um sich werfen*

 Aufgepasst!
Das Verb **fondere** gehört zu denjenigen Verben der 2. Konjugation, die lediglich im Participio und in drei Formen des Passato remoto (1. und 3. Person Singular sowie 3. Person Plural) unregelmäßig sind. Beachten Sie, dass sich bei allen unregelmäßigen Formen der Stammvokal -o zu -u ändert, z. B. **(tu) fondesti** ➞ **(lui) fuse**.

 Tipps & Tricks
Die unregelmäßigen Formen sind für Sie leichter abzuleiten, wenn Sie an das Substantiv *Fusion* denken.

1. Konjugation

31. inviare — *schicken*

betonter Stammauslaut -i + -i bleibt -ii

Indicativo

Presente
- invio
- **invii**
- invia
- inviamo
- inviate
- inviano

Passato prossimo
- ho inviato
- hai inviato
- ha inviato
- abbiamo inviato
- avete inviato
- hanno inviato

Imperfetto
- inviavo
- inviavi
- inviava
- inviavamo
- inviavate
- inviavano

Trapassato prossimo
- avevo inviato
- avevi inviato
- aveva inviato
- avevamo inviato
- avevate inviato
- avevano inviato

Passato remoto
- inviai
- inviasti
- inviò
- inviammo
- inviaste
- inviarono

Trapassato remoto
- ebbi inviato
- avesti inviato
- ebbe inviato
- avemmo inviato
- aveste inviato
- ebbero inviato

Futuro semplice
- invierò
- invierai
- invierà
- invieremo
- invierete
- invieranno

Futuro composto
- avrò inviato
- avrai inviato
- avrà inviato
- avremo inviato
- avrete inviato
- avranno inviato

Congiuntivo

Presente
- **invii**
- **invii**
- **invii**
- inviamo
- inviate
- **inviino**

Imperfetto
- inviassi
- inviassi
- inviasse
- inviassimo
- inviaste
- inviassero

Passato
- abbia inviato
- abbia inviato
- abbia inviato
- abbiamo inviato
- abbiate inviato
- abbiano inviato

Trapassato
- avessi inviato
- avessi inviato
- avesse inviato
- avessimo inviato
- aveste inviato
- avessero inviato

Condizionale

Semplice
- invierei
- invieresti
- invierebbe
- invieremmo
- inviereste
- invierebbero

Composto
- avrei inviato
- avresti inviato
- avrebbe inviato
- avremmo inviato
- avreste inviato
- avrebbero inviato

Imperativo
- (tu) invia
- (Lei) **invii**
- (noi) inviamo
- (voi) inviate
- (loro) **inviino**

Infinito passato
- avere inviato

Participio

Presente
- inviante

Passato
- inviato

Gerundio

Presente
- inviando

Passato
- avendo inviato

inviare *schicken*

 Anwendungsbeispiele

Puoi **inviarmi** le foto tramite e-mail. *Du kannst **mir** die Fotos per E-Mail schicken.*
Il pacco che **avete inviato a** Laura non è arrivato. *Das Paket, das **ihr** Laura geschickt habt, ist nicht angekommen.*
Te lo **invieremo** entro venerdì sera. *Bis Freitagabend **werden wir** es dir schicken.*
Vorrei evitare che mi **inviino** omaggi pubblicitari. *Ich möchte vermeiden, dass **sie** mir Werbegeschenke **zusenden**.*

 Redewendungen

inviare saluti *Grüße senden*
inviare un pacco/una lettera *ein Paket/einen Brief schicken*
inviare un messaggio *eine Nachricht senden*
inviare un messaggero *einen Boten schicken*

 Ähnliche Verben

mandare *schicken*   avviare *einleiten, starten*
spedire *(ver)senden*   deviare *umleiten*
indirizzare *adressieren*   ravviare *aufräumen*
destinare *adressieren*   rinviare *verschieben*
                             sviare *ablenken*

 Aufgepasst!

Die auf **-i** betonten Formen der Verben auf **-iare** behalten das auslautende **-i** des Verbstammes bei, auch wenn diesem ein weiteres **-i** folgt. Daher gibt es bei dem Verb **inviare** die Formen **invii** und **inviino** (Indicativo presente, Imperativo, Congiuntivo presente).

Im Gegensatz dazu entfällt bei den Verben, die keine auf **-i** betonten Formen haben, ein **-i**, wenn ein weiteres **-i** folgt (▷ Grammatik rund ums Verb, **1.1**).

 Tipps & Tricks

Zu den Verben auf **-iare**, die auf **-i** betonte Formen haben, gehören z. B. auch **ampliare** *erweitern*, **spiare** *ausspionieren*, **espiare** *büßen*, **sciare** *Ski fahren*, **razziare** *ausrauben* usw.

2. Konjugation

 **leggere** *lesen*

Indicativo

Presente
leggo
leggi
legge
leggiamo
leggete
leggono

Passato prossimo
ho letto
hai letto
ha letto
abbiamo letto
avete letto
hanno letto

Imperfetto
leggevo
leggevi
leggeva
leggevamo
leggevate
leggevano

Trapassato prossimo
avevo letto
avevi letto
aveva letto
avevamo letto
avevate letto
avevano letto

Passato remoto
lessi
leggesti
lesse
leggemmo
leggeste
lessero

Trapassato remoto
ebbi letto
avesti letto
ebbe letto
avemmo letto
aveste letto
ebbero letto

Futuro semplice
leggerò
leggerai
leggerà
leggeremo
leggerete
leggeranno

Futuro composto
avrò letto
avrai letto
avrà letto
avremo letto
avrete letto
avranno letto

Congiuntivo

Presente
legga
legga
legga
leggiamo
leggiate
leggano

Imperfetto
leggessi
leggessi
leggesse
leggessimo
leggeste
leggessero

Passato
abbia letto
abbia letto
abbia letto
abbiamo letto
abbiate letto
abbiano letto

Trapassato
avessi letto
avessi letto
avesse letto
avessimo letto
aveste letto
avessero letto

Condizionale

Semplice
leggerei
leggeresti
leggerebbe
leggeremmo
leggereste
leggerebbero

Composto
avrei letto
avresti letto
avrebbe letto
avremmo letto
avreste letto
avrebbero letto

Imperativo

(tu) leggi
(Lei) legga
(noi) leggiamo
(voi) leggete
(loro) leggano

Infinito passato
avere letto

Participio

Presente
leggente

Passato
letto

Gerundio

Presente
leggendo

Passato
avendo letto

leggere *lesen*

 Anwendungsbeispiele
Il 12% degli italiani non sa né **leggere** né scrivere. *12% der Italiener können weder lesen noch schreiben.*
La mattina Riccardo **leggeva** di solito il giornale. *Morgens las Riccardo gewöhnlich Zeitung.*
Ho letto questo libro almeno quattro volte. *Ich habe dieses Buch mindestens viermal gelesen.*
Il padre gli **lesse** una favola. *Der Vater las ihm ein Märchen vor.*
Che cosa **stai leggendo**? *Was liest du gerade?*

 Redewendungen
leggere a voce alta/bassa *laut/leise lesen*
leggere la musica *Noten lesen*
leggere nel pensiero *Gedanken lesen*
leggere qc. negli occhi di qu. *etw. in jds. Augen lesen*
leggere il futuro *die Zukunft vorhersagen*
leggere la mano *aus der Hand lesen*
farsi leggere *gut zu lesen sein*
imparare a leggere *lesen lernen*
leggere tra le righe *zwischen den Zeilen lesen*
leggere le carte *die Karten legen*

 Ähnliche Verben
intendere *verstehen, auslegen*   eleggere *auswählen*
interpretare *deuten, interpretieren*   rileggere *erneut lesen*
decifrare *entziffern*
dare una scorsa a qc. *etw. überfliegen*

 Aufgepasst!
Leggere gehört zu einer Gruppe von Verben der 2. Konjugation, die lediglich im Passato remoto und im Participio unregelmäßig sind.

 Tipps & Tricks
Analog zu **leggere** werden auch die Verben **reggere** *halten* und **distruggere** *zerstören* konjugiert. Lernen Sie die unregelmäßigen Formen dieser Verben zusammen!

1. Konjugation

(33) mangiare *essen*

Stammauslaut -i entfällt vor -e und -i

Indicativo

Presente
- mangio
- mangi
- mangia
- mangiamo
- mangiate
- mangiano

Passato prossimo
- ho mangiato
- hai mangiato
- ha mangiato
- abbiamo mangiato
- avete mangiato
- hanno mangiato

Imperfetto
- mangiavo
- mangiavi
- mangiava
- mangiavamo
- mangiavate
- mangiavano

Trapassato prossimo
- avevo mangiato
- avevi mangiato
- aveva mangiato
- avevamo mangiato
- avevate mangiato
- avevano mangiato

Passato remoto
- mangiai
- mangiasti
- mangiò
- mangiammo
- mangiaste
- mangiarono

Trapassato remoto
- ebbi mangiato
- avesti mangiato
- ebbe mangiato
- avemmo mangiato
- aveste mangiato
- ebbero mangiato

Futuro semplice
- mangerò
- mangerai
- mangerà
- mangeremo
- mangerete
- mangeranno

Futuro composto
- avrò mangiato
- avrai mangiato
- avrà mangiato
- avremo mangiato
- avrete mangiato
- avranno mangiato

Congiuntivo

Presente
- mangi
- mangi
- mangi
- mangiamo
- mangiate
- mangino

Imperfetto
- mangiassi
- mangiassi
- mangiasse
- mangiassimo
- mangiaste
- mangiassero

Passato
- abbia mangiato
- abbia mangiato
- abbia mangiato
- abbiamo mangiato
- abbiate mangiato
- abbiano mangiato

Trapassato
- avessi mangiato
- avessi mangiato
- avesse mangiato
- avessimo mangiato
- aveste mangiato
- avessero mangiato

Condizionale

Semplice
- mangerei
- mangeresti
- mangerebbe
- mangeremmo
- mangereste
- mangerebbero

Composto
- avrei mangiato
- avresti mangiato
- avrebbe mangiato
- avremmo mangiato
- avreste mangiato
- avrebbero mangiato

Imperativo
- (tu) mangia
- (Lei) mangi
- (noi) mangiamo
- (voi) mangiate
- (loro) mangino

Infinito passato
- avere mangiato

Participio

Presente
- mangiante

Passato
- mangiato

Gerundio

Presente
- mangiando

Passato
- avendo mangiato

mangiare *essen*

 Anwendungsbeispiele
In questo ristorante **si mangia** veramente bene. *In diesem Restaurant isst man wirklich gut.*
Domani **mangerò** solo della frutta. *Morgen esse ich nur Obst.*
Che cosa **avete mangiato per** pranzo ieri? *Was habt ihr gestern zu Mittag gegessen?*
Non **date da mangiare ai** piccioni! *Füttert die Tauben nicht!*

 Witz
Il medico al paziente: «Che cosa mangia a colazione?»
Il paziente: «Mangio polenta!»
Il medico: «E a pranzo?»
Il paziente: «Mangio polenta!»
Il medico: «E a cena?»
Il paziente: «Mangio polenta!»
Il medico: «Ma com'è la sua digestione?»
Il paziente: «Un pò lenta ...»

 Ähnliche Verben
cenare *zu Abend essen*
pranzare *zu Mittag essen*
consumare *verzehren, aufbrauchen*
divorare *verschlingen*
inghiottire *verschlucken, verschlingen*
alimentarsi *sich ernähren*

 Aufgepasst!
Die einzige Besonderheit bei dem sonst regelmäßigen Verb **mangiare** ist, dass ein **-i** entfällt, wenn die Endung mit **-e** oder **-i** beginnt, z. B. **(tu) mangi, (noi) mangeremo** usw. Nach diesem Muster werden alle Verben auf **-giare** und auf **-ciare** konjugiert (▷ Grammatik rund ums Verb, **1.1**).

 Tipps & Tricks
Trainieren Sie die Verben mit der Endung **-giare** bzw. **-ciare**, indem Sie **baciare** *küssen* nach dem Beispiel von **mangiare** konjugieren!

2. Konjugation

 mettere *setzen, stellen, legen*

Indicativo

Presente
metto
metti
mette
mettiamo
mettete
mettono

Passato prossimo
ho messo
hai messo
ha messo
abbiamo messo
avete messo
hanno messo

Imperfetto
mettevo
mettevi
metteva
mettevamo
mettevate
mettevano

Trapassato prossimo
avevo messo
avevi messo
aveva messo
avevamo messo
avevate messo
avevano messo

Passato remoto
misi
mettesti
mise
mettemmo
metteste
misero

Trapassato remoto
ebbi messo
avesti messo
ebbe messo
avemmo messo
aveste messo
ebbero messo

Futuro semplice
metterò
metterai
metterà
metteremo
metterete
metteranno

Futuro composto
avrò messo
avrai messo
avrà messo
avremo messo
avrete messo
avranno messo

Congiuntivo

Presente
metta
metta
metta
mettiamo
mettiate
mettano

Imperfetto
mettessi
mettessi
mettesse
mettessimo
metteste
mettessero

Passato
abbia messo
abbia messo
abbia messo
abbiamo messo
abbiate messo
abbiano messo

Trapassato
avessi messo
avessi messo
avesse messo
avessimo messo
aveste messo
avessero messo

Condizionale

Semplice
metterei
metteresti
metterebbe
metteremmo
mettereste
metterebbero

Composto
avrei messo
avresti messo
avrebbe messo
avremmo messo
avreste messo
avrebbero messo

Imperativo
(tu) metti
(Lei) metta
(noi) mettiamo
(voi) mettete
(loro) mettano

Infinito passato
avere messo

Participio

Presente
mettente

Passato
messo

Gerundio

Presente
mettendo

Passato
avendo messo

mettere *setzen, stellen, legen*

 Anwendungsbeispiele
Leonardo **mette** le sue camicie **nella** valigia. *Leonardo packt seine Hemden in den Koffer.*
Dove **hai messo** la chiave? *Wo hast du den Schlüssel hingelegt?*
Misi un annuncio sul giornale. *Ich setzte eine Anzeige in die Zeitung.*
Fa freddo, **mettiti** una giacca. *Es ist kalt, zieh dir eine Jacke an!*
Mettiamo che sia stato un incidente? *Angenommen, es war ein Unfall?*

 Redewendungen
mettere dentro *hineinstecken*
mettere giù *abstellen, hinlegen*
mettere alla porta *vor die Tür setzen*
mettere in giro/ordine *in Umlauf/Ordnung bringen*
mettere su casa *einen Haushalt gründen*
mettersi una giacca/un abito *sich eine Jacke/ein Kleid anziehen*
mettersi la cintura *sich anschnallen*
mettersi a fare qc. *beginnen, etw. zu tun*
mettersi al lavoro *sich an die Arbeit machen*
mettersi con qu. *sich mit jdm. zusammentun*

 Ähnliche Verben
ammettere *zulassen, zugeben*
dimettere *entlassen*
permettere *erlauben, zulassen*
promettere *versprechen*
scommettere *wetten*
smettere *aufhören, abbrechen*
trasmettere *übertragen, übermitteln*

 Aufgepasst!
Mettere ist nur im Participio und im Passato remoto unregelmäßig.

 Tipps & Tricks
Die Verben **mettere** und **porre** haben annähernd die gleiche Grundbedeutung. Große Bedeutungsunterschiede ergeben sich jedoch, wenn ein Präfix hinzutritt, z. B. **promettere** *versprechen* – **proporre** *vorschlagen*.

35 morire *sterben*

Indicativo

Presente	Passato prossimo	
muoio	sono	morto
muori	sei	morto
muore	è	morto
moriamo	siamo	morti
morite	siete	morti
muoiono	sono	morti

Imperfetto	Trapassato prossimo	
morivo	ero	morto
morivi	eri	morto
moriva	era	morto
morivamo	eravamo	morti
morivate	eravate	morti
morivano	erano	morti

Passato remoto	Trapassato remoto	
morii	fui	morto
moristi	fosti	morto
morì	fu	morto
morimmo	fummo	morti
moriste	foste	morti
morirono	furono	morti

Futuro semplice	Futuro composto	
mor(i)rò	sarò	morto
mor(i)rai	sarai	morto
mor(i)rà	sarà	morto
mor(i)remo	saremo	morti
mor(i)rete	sarete	morti
mor(i)ranno	saranno	morti

Congiuntivo

Presente
muoia
muoia
muoia
moriamo
moriate
muoiano

Imperfetto
morissi
morissi
morisse
morissimo
moriste
morissero

Passato	
sia	morto
sia	morto
sia	morto
siamo	morti
siate	morti
siano	morti

Trapassato	
fossi	morto
fossi	morto
fosse	morto
fossimo	morti
foste	morti
fossero	morti

Condizionale

Semplice
mor(i)rei
mor(i)resti
mor(i)rebbe
mor(i)remmo
mor(i)reste
mor(i)rebbero

Composto	
sarei	morto
saresti	morto
sarebbe	morto
saremmo	morti
sareste	morti
sarebbero	morti

Imperativo

(tu)	muori
(Lei)	muoia
(noi)	moriamo
(voi)	morite
(loro)	muoiano

Infinito passato

essere morto

Participio

Presente	Passato
morente	morto

Gerundio

Presente	Passato
morendo	essendo morto

morire *sterben*

 Anwendungsbeispiele

Dammi un bicchiere d'acqua, **muoio di** sete. *Gib mir ein Glas Wasser, ich sterbe vor Durst.*

Che cosa resta di noi quando **moriamo**? *Was bleibt von uns, wenn wir sterben?*

L'anno scorso suo marito **è morto di** un cancro. *Letztes Jahr ist ihr Mann an Krebs gestorben.*

 Redewendungen

morire di vecchiaia *an Altersschwäche sterben*
morire di una malattia *an einer Krankheit sterben*
morire all'ospedale *im Krankenhaus sterben*
morire di fame/sete *vor Hunger/Durst sterben*
morire di crepacuore *an gebrochenem Herzen sterben*
morire dal ridere *sich totlachen*
morire ammazzato *umgebracht werden*
un caldo da morire *eine Affenhitze*
una fame da morire *ein Mordshunger*

 Andere Verben

vivere *leben*
esistere *existieren*
nascere *geboren werden*
crescere *wachsen*
prosperare *gedeihen*
fiorire *blühen*

 Aufgepasst!

Im Indicativo presente und im Congiuntivo presente sowie im Imperativo gibt es unregelmäßige Formen mit -uo, z. B. (io) mu**o**io. In der 1. und 2. Person Plural jedoch bleibt der Verbstamm mor- in allen Zeiten und Modi unverändert.

 Tipps & Tricks

Legen Sie bei den Formen mit -uo die Betonung stets auf das -o:
(lui) mu**o**re, (loro) mu**o**iono.

2. Konjugation

36. muovere — bewegen

Indicativo

Presente
- muovo
- muovi
- muove
- m(u)oviamo
- m(u)ovete
- muovono

Passato prossimo
- ho mosso
- hai mosso
- ha mosso
- abbiamo mosso
- avete mosso
- hanno mosso

Imperfetto
- m(u)ovevo
- m(u)ovevi
- m(u)oveva
- m(u)ovevamo
- m(u)ovevate
- m(u)ovevano

Trapassato prossimo
- avevo mosso
- avevi mosso
- aveva mosso
- avevamo mosso
- avevate mosso
- avevano mosso

Passato remoto
- mossi
- m(u)ovesti
- mosse
- m(u)ovemmo
- m(u)oveste
- mossero

Trapassato remoto
- ebbi mosso
- avesti mosso
- ebbe mosso
- avemmo mosso
- aveste mosso
- ebbero mosso

Futuro semplice
- m(u)overò
- m(u)overai
- m(u)overà
- m(u)overemo
- m(u)overete
- m(u)overanno

Futuro composto
- avrò mosso
- avrai mosso
- avrà mosso
- avremo mosso
- avrete mosso
- avranno mosso

Congiuntivo

Presente
- muova
- muova
- muova
- m(u)oviamo
- m(u)oviate
- muovano

Imperfetto
- m(u)ovessi
- m(u)ovessi
- m(u)ovesse
- m(u)ovessimo
- m(u)oveste
- m(u)ovessero

Passato
- abbia mosso
- abbia mosso
- abbia mosso
- abbiamo mosso
- abbiate mosso
- abbiano mosso

Trapassato
- avessi mosso
- avessi mosso
- avesse mosso
- avessimo mosso
- aveste mosso
- avessero mosso

Condizionale

Semplice
- m(u)overei
- m(u)overesti
- m(u)overebbe
- m(u)overemmo
- m(u)overeste
- m(u)overebbero

Composto
- avrei mosso
- avresti mosso
- avrebbe mosso
- avremmo mosso
- avreste mosso
- avrebbero mosso

Imperativo
- (tu) muovi
- (Lei) muova
- (noi) m(u)oviamo
- (voi) m(u)ovete
- (loro) muovano

Infinito passato
- avere mosso

Participio

Presente
- m(u)ovente

Passato
- mosso

Gerundio

Presente
- m(u)ovendo

Passato
- avendo mosso

muovere *bewegen*

 Anwendungsbeispiele
Con il mouse **muovi** il cursore sullo schermo. *Mit der Maus* **bewegst du** *den Cursor auf dem Bildschirm.*
Muovete le braccia indietro. *Bewegt die Arme nach hinten!*
Il vento **mosse** le foglie. *Der Wind* **bewegte** *die Blätter.*
La bambola parla **muovendo** veramente la bocca. *Die Puppe spricht,* **wobei** *sie den Mund tatsächlich* **bewegt.**
Nessuno **si muova**! *Niemand bewegt sich!*

 Redewendungen
muovere i primi passi *die ersten Schritte machen*
non muovere un dito *keinen Finger rühren*
muovere da qc. *von etw. ausgehen*
muovere incontro a qu. *jdm. entgegengehen*
non muoversi di casa *(umgs.) nicht aus dem Haus gehen*

 Ähnliche Verben
spostare *verschieben*
mettere in moto *in Gang bringen*
portare *tragen*
girare *drehen*
spingere *stoßen, schieben*
trarre *ziehen*

commuovere *rühren, ergreifen*
promuovere *anregen, (be)fördern*
rimuovere *wegschaffen*
smuovere *wegrücken*

 Aufgepasst!
Das betonte **-uo** des Verbstammes von **muovere** kann in unbetonten Silben zu **-o** werden, z. B. **mo**viamo statt **muo**viamo. Die Formen mit **-o** werden seltener gebraucht als jene mit **-uo**.

Beachten Sie das unregelmäßige Participio **mosso** sowie die unregelmäßigen Formen im Passato remoto, wie z. B. **(io) mossi** usw.

 Tipps & Tricks
Die Verben **muovere** und **scuotere** *schütteln* werden gleich konjugiert. Lernen Sie diese Verben am besten zusammen!

nascere *geboren werden*

Indicativo

Presente
- nasco
- nasci
- nasce
- nasciamo
- nascete
- nascono

Passato prossimo
- sono nato
- sei nato
- è nato
- siamo nati
- siete nati
- sono nati

Imperfetto
- nascevo
- nascevi
- nasceva
- nascevamo
- nascevate
- nascevano

Trapassato prossimo
- ero nato
- eri nato
- era nato
- eravamo nati
- eravate nati
- erano nati

Passato remoto
- nacqui
- nascesti
- nacque
- nascemmo
- nasceste
- nacquero

Trapassato remoto
- fui nato
- fosti nato
- fu nato
- fummo nati
- foste nati
- furono nati

Futuro semplice
- nascerò
- nascerai
- nascerà
- nasceremo
- nascerete
- nasceranno

Futuro composto
- sarò nato
- sarai nato
- sarà nato
- saremo nati
- sarete nati
- saranno nati

Congiuntivo

Presente
- nasca
- nasca
- nasca
- nasciamo
- nasciate
- nascano

Imperfetto
- nascessi
- nascessi
- nascesse
- nascessimo
- nasceste
- nascessero

Passato
- sia nato
- sia nato
- sia nato
- siamo nati
- siate nati
- siano nati

Trapassato
- fossi nato
- fossi nato
- fosse nato
- fossimo nati
- foste nati
- fossero nati

Condizionale

Semplice
- nascerei
- nasceresti
- nascerebbe
- nasceremmo
- nascereste
- nascerebbero

Composto
- sarei nato
- saresti nato
- sarebbe nato
- saremmo nati
- sareste nati
- sarebbero nati

Imperativo
- (tu) nasci
- (Lei) nasca
- (noi) nasciamo
- (voi) nascete
- (loro) nascano

Infinito passato
- essere nato

Participio

Presente
- nascente

Passato
- nato

Gerundio

Presente
- nascendo

Passato
- essendo nato

nascere *geboren werden*

 Anwendungsbeispiele
Sono nato il 12 luglio. *Ich bin am 12. Juli* **geboren**.
Il celebre regista Federico Fellini **nacque nel** 1920 **a** Rimini. *Der berühmte Regisseur Federico Fellini* **wurde** 1920 **in** Rimini **geboren**.
Non **siamo nati** ieri! *Wir sind nicht von gestern!*
Mia nonna **era nata per fare** l'insegnante. *Meine Großmutter* **war die geborene** *Lehrerin.*
Il sole **nascerà alle** sei. *Die Sonne* **wird um** *sechs Uhr* **aufgehen**.
Il Tevere **nasce sul** Monte Fumaiolo. *Der Tiber* **entspringt auf** *dem Monte Fumaiolo.*
Mi nasce un sospetto. *Mir kommt ein Verdacht.*

 Sprichwörter
Nessuno nasce maestro. *Es ist noch kein Meister vom Himmel gefallen.*
Chi nasce di gatta piglia i topi al buio. *Der Apfel fällt nicht weit vom Stamm.* (Wörtlich: *Wer als Katze geboren wird, fängt im Dunkeln Mäuse.*)
Ciò che presto nasce presto muore. *Was schnell entsteht, vergeht schnell.*

 Ähnliche Verben
venire al mondo *zur Welt kommen*
aver origine *seinen Ursprung haben*
sorgere *aufgehen* (Sonne usw.)
rinascere *wiedergeboren werden, nachwachsen*

 Gebrauch
Nascere ist nur im Participio und in drei Formen des Passato remoto unregelmäßig, in denen der Stammauslaut **-sc** zu **-cqu** wird (vgl. auch piacere *gefallen*).

Beachten Sie den folgenden Bedeutungsunterschied, wenn **nascere** im Passato prossimo oder im Passato remoto gebraucht wird:
È nato in Umbria. *Er ist in Umbrien geboren (und lebt noch).*
Nacque in Umbria. *Er wurde in Umbrien geboren (und lebt nicht mehr).*

 Tipps & Tricks
Merken Sie sich auch das von nascere abgeleitete Substantiv la nascita *die Geburt!* Das italienische Wort für *Weihnachten* stammt vom Participio nato ab: il Natale.

3. Konjugation

38. offrire — *anbieten*

Indicativo

Presente
- offro
- offri
- offre
- offriamo
- offrite
- offrono

Passato prossimo
- ho offerto
- hai offerto
- ha offerto
- abbiamo offerto
- avete offerto
- hanno offerto

Imperfetto
- offrivo
- offrivi
- offriva
- offrivamo
- offrivate
- offrivano

Trapassato prossimo
- avevo offerto
- avevi offerto
- aveva offerto
- avevamo offerto
- avevate offerto
- avevano offerto

Passato remoto
- offrii/offersi
- offristi
- offrì/offerse
- offrimmo
- offriste
- offrirono/offersero

Trapassato remoto
- ebbi offerto
- avesti offerto
- ebbe offerto
- avemmo offerto
- aveste offerto
- ebbero offerto

Futuro semplice
- offrirò
- offrirai
- offrirà
- offriremo
- offrirete
- offriranno

Futuro composto
- avrò offerto
- avrai offerto
- avrà offerto
- avremo offerto
- avrete offerto
- avranno offerto

Congiuntivo

Presente
- offra
- offra
- offra
- offriamo
- offriate
- offrano

Imperfetto
- offrissi
- offrissi
- offrisse
- offrissimo
- offriste
- offrissero

Passato
- abbia offerto
- abbia offerto
- abbia offerto
- abbiamo offerto
- abbiate offerto
- abbiano offerto

Trapassato
- avessi offerto
- avessi offerto
- avesse offerto
- avessimo offerto
- aveste offerto
- avessero offerto

Condizionale

Semplice
- offrirei
- offriresti
- offrirebbe
- offriremmo
- offrireste
- offrirebbero

Composto
- avrei offerto
- avresti offerto
- avrebbe offerto
- avremmo offerto
- avreste offerto
- avrebbero offerto

Imperativo
- (tu) offri
- (Lei) offra
- (noi) offriamo
- (voi) offrite
- (loro) offrano

Infinito passato
- avere offerto

Participio

Presente
- offrente

Passato
- offerto

Gerundio

Presente
- offrendo

Passato
- avendo offerto

offrire *anbieten*

 Anwendungsbeispiele
Ti posso **offrire** qualcosa da bere? *Kann ich dir etwas zu trinken **anbieten**?*
In via Manzoni **offrono** una bella casa. *In der Manzonistraße **wird** ein schönes Haus **angeboten**.*
Questa regione **offre** molte città degne di essere visitate. *Diese Region **bietet** viele sehenswerte Städte.*
Mi **hanno offerto** un mazzo di fiori. *Sie haben mir einen Blumenstrauß geschenkt.*
Al ristorante **offriva** sempre lui. *Im Restaurant zahlte immer er.*
Chi **si offre come** soggetto? *Wer **stellt sich als** Testperson **zur Verfügung**?*

 Redewendungen
offrire un bicchiere a qu. *jdm. ein Getränk ausgeben*
offrire un impiego *eine Stelle anbieten*
offrire vantaggi *Vorteile bieten*
offrire l'occasione di fare qc. *die Möglichkeit bieten, etw. zu tun*
offrirsi di fare qc. *sich anbieten, etw. zu tun*

 Ähnliche Verben
mettere a disposizione *zur Verfügung stellen*
mettere in vendita *zum Verkauf anbieten*
presentare *bieten, zeigen*
prestare *leihen*
pagare *zahlen*
regalare *schenken*
dare *geben*
donare *verschenken, spenden*

 Aufgepasst!
Offrire ist nur im Participio und in den eher selten gebrauchten Doppelformen des Passato remoto unregelmäßig.

 Tipps & Tricks
Das unregelmäßige Participio **offerto** können Sie sich leicht merken, wenn Sie an das deutsche Wort *Offerte* denken.

39 parere *scheinen*

Indicativo

Presente
- paio
- pari
- pare
- paiamo
- parete
- paiono

Passato prossimo
- sono parso
- sei parso
- è parso
- siamo parsi
- siete parsi
- sono parsi

Imperfetto
- parevo
- parevi
- pareva
- parevamo
- parevate
- parevano

Trapassato prossimo
- ero parso
- eri parso
- era parso
- eravamo parsi
- eravate parsi
- erano parsi

Passato remoto
- parvi
- paresti
- parve
- paremmo
- pareste
- parvero

Trapassato remoto
- fui parso
- fosti parso
- fu parso
- fummo parsi
- foste parsi
- furono parsi

Futuro semplice
- parrò
- parrai
- parrà
- parremo
- parrete
- parranno

Futuro composto
- sarò parso
- sarai parso
- sarà parso
- saremo parsi
- sarete parsi
- saranno parsi

Congiuntivo

Presente
- paia
- paia
- paia
- paiamo
- paiate
- paiano

Imperfetto
- paressi
- paressi
- paresse
- paressimo
- pareste
- paressero

Passato
- sia parso
- sia parso
- sia parso
- siamo parsi
- siate parsi
- siano parsi

Trapassato
- fossi parso
- fossi parso
- fosse parso
- fossimo parsi
- foste parsi
- fossero parsi

Condizionale

Semplice
- parrei
- parresti
- parrebbe
- parremmo
- parreste
- parrebbero

Composto
- sarei parso
- saresti parso
- sarebbe parso
- saremmo parsi
- sareste parsi
- sarebbero parsi

Imperativo

- –
- –
- –
- –
- –

Infinito passato

essere parso

Participio

Presente
- parente

Passato
- parso

Gerundio

Presente
- parendo

Passato
- essendo parso

parere *scheinen*

 Anwendungsbeispiele
Pare impossibile ma è così. *Es scheint unmöglich, aber es ist so.*
Pare che non abbiano voglia di venire. *Es sieht aus, als ob sie keine Lust hätten zu kommen.*
Fai come ti **pare**. *Mach es, wie du meinst.*
Che te ne **pare**? *Was hältst du davon?*
Mi **pare di** averlo trovato. *Mir scheint, dass ich ihn/es gefunden habe.*
Gli **parve** difficile trovare un altro lavoro. *Es erschien ihm schwierig, eine andere Arbeit zu finden.*
Non ci **pareva** vero! *Wir konnten es kaum glauben!*

 Redewendungen
parere possibile/impossibile *möglich/unmöglich (er)scheinen*
parere facile/difficile *leicht/schwierig (er)scheinen*

 Ähnliche Verben
sembrare *scheinen, erscheinen*
apparire *erscheinen*
pensare *denken, meinen*

 Gebrauch
Das Verb **parere** hat im Futuro semplice und im Condizionale semplice einen verkürzten Wortstamm, bei dem sich das **-r** verdoppelt: **parrà, parrebbe** usw.

Parere wird am häufigsten in der 3. Person Singular gebraucht, und dies vor allem in feststehenden Ausdrücken:
pare che (+ Konjunktiv) *es scheint, dass*
pare di sì/no *anscheinend schon/nicht*
pare ieri *als ob es gestern gewesen wäre*
a quanto pare *wie es scheint*
pare a qu. di aver ragione *jd. glaubt, recht zu haben*

 Tipps & Tricks
Im Unterschied zu apparire *erscheinen*, das auch das körperliche In-Erscheinung-Treten bezeichnet, wird parere eher subjektiv-wertend verwendet, d. h. im Sinne von *den Anschein haben*.

2. Konjugation

40 perdere *verlieren*

Indicativo

Presente
- perdo
- perdi
- perde
- perdiamo
- perdete
- perdono

Passato prossimo
- ho perso
- hai perso
- ha perso
- abbiamo perso
- avete perso
- hanno perso

Imperfetto
- perdevo
- perdevi
- perdeva
- perdevamo
- perdevate
- perdevano

Trapassato prossimo
- avevo perso
- avevi perso
- aveva perso
- avevamo perso
- avevate perso
- avevano perso

Passato remoto
- per**si**/perdei/-etti
- perdesti
- per**se**/perdé/-ette
- perdemmo
- perdeste
- per**sero**/perderono/-ettero

Trapassato remoto
- ebbi perso
- avesti perso
- ebbe perso
- avemmo perso
- aveste perso
- ebbero perso

Futuro semplice
- perderò
- perderai
- perderà
- perderemo
- perderete
- perderanno

Futuro composto
- avrò perso
- avrai perso
- avrà perso
- avremo perso
- avrete perso
- avranno perso

Congiuntivo

Presente
- perda
- perda
- perda
- perdiamo
- perdiate
- perdano

Imperfetto
- perdessi
- perdessi
- perdesse
- perdessimo
- perdeste
- perdessero

Passato
- abbia perso
- abbia perso
- abbia perso
- abbiamo perso
- abbiate perso
- abbiano perso

Trapassato
- avessi perso
- avessi perso
- avesse perso
- avessimo perso
- aveste perso
- avessero perso

Condizionale

Semplice
- perderei
- perderesti
- perderebbe
- perderemmo
- perdereste
- perderebbero

Composto
- avrei perso
- avresti perso
- avrebbe perso
- avremmo perso
- avreste perso
- avrebbero perso

Imperativo
- (tu) perdi
- (Lei) perda
- (noi) perdiamo
- (voi) perdete
- (loro) perdano

Infinito passato
- avere perso

Participio

Presente
- perdente

Passato
- per**so**/perduto

Gerundio

Presente
- perdendo

Passato
- avendo perso

perdere *verlieren*

 Anwendungsbeispiele

Non devo **perdere** il treno per Firenze. *Ich darf den Zug nach Florenz nicht* verpassen.
Ho perso la mia chiave di casa. *Ich habe meinen Hausschlüssel* **verloren**.
All'età di 40 anni Matteo **aveva** già **perso** quasi tutti i capelli. *Im Alter von 40 Jahren* **hatte** *Matteo schon fast alle Haare* **verloren**.
Allo scoppio della guerra **persero** tutto quello che avevano. *Bei Kriegsausbruch* **verloren** *sie alles, was sie hatten.*

 Redewendungen

perdere la testa/la pazienza *den Kopf/die Geduld verlieren*
perdere una partita *ein Spiel verlieren*
perdere tempo *Zeit verlieren*
perdere la vita *ums Leben kommen*
perdere chili *abnehmen*
perdere (il) colore *verblassen*
perdere qu. di vista *jdn. aus den Augen verlieren*
lasciar perdere *es sein lassen*
perdersi *sich verlaufen, sich verirren*
perdersi d'animo *den Mut verlieren*

 Ähnliche Verben

smarrire *verlegen, verlieren*   disperdere *zerstreuen*
scomparire *verschwinden*   sperdersi *sich verirren*
mancare *fehlen*

 Aufgepasst!

Beachten Sie, dass **perdere** im Passato remoto z. T. drei Formen hat, wobei die unregelmäßigen am häufigsten verwendet werden.
Neben dem unregelmäßigen Participio **perso** wird die regelmäßige Form **perduto** gleichbedeutend verwendet.

2. Konjugation

41 piacere *gefallen*

Indicativo

Presente
- piaccio
- piaci
- piace
- piacciamo
- piacete
- piacciono

Passato prossimo
- sono piaciuto
- sei piaciuto
- è piaciuto
- siamo piaciuti
- siete piaciuti
- sono piaciuti

Imperfetto
- piacevo
- piacevi
- piaceva
- piacevamo
- piacevate
- piacevano

Trapassato prossimo
- ero piaciuto
- eri piaciuto
- era piaciuto
- eravamo piaciuti
- eravate piaciuti
- erano piaciuti

Passato remoto
- piacqui
- piacesti
- piacque
- piacemmo
- piaceste
- piacquero

Trapassato remoto
- fui piaciuto
- fosti piaciuto
- fu piaciuto
- fummo piaciuti
- foste piaciuti
- furono piaciuti

Futuro semplice
- piacerò
- piacerai
- piacerà
- piaceremo
- piacerete
- piaceranno

Futuro composto
- sarò piaciuto
- sarai piaciuto
- sarà piaciuto
- saremo piaciuti
- sarete piaciuti
- saranno piaciuti

Congiuntivo

Presente
- piaccia
- piaccia
- piaccia
- piacciamo
- piacciate
- piacciano

Imperfetto
- piacessi
- piacessi
- piacesse
- piacessimo
- piaceste
- piacessero

Passato
- sia piaciuto
- sia piaciuto
- sia piaciuto
- siamo piaciuti
- siate piaciuti
- siano piaciuti

Trapassato
- fossi piaciuto
- fossi piaciuto
- fosse piaciuto
- fossimo piaciuti
- foste piaciuti
- fossero piaciuti

Condizionale

Semplice
- piacerei
- piaceresti
- piacerebbe
- piaceremmo
- piacereste
- piacerebbero

Composto
- sarei piaciuto
- saresti piaciuto
- sarebbe piaciuto
- saremmo piaciuti
- sareste piaciuti
- sarebbero piaciuti

Imperativo
- (tu) piaci
- (Lei) piaccia
- (noi) piacciamo
- (voi) piacete
- (loro) piacciano

Infinito passato
essere piaciuto

Participio

Presente
piacente

Passato
piaciuto

Gerundio

Presente
piacendo

Passato
essendo piaciuto

piacere *gefallen*

 Anwendungsbeispiele
Ti piace la mia acconciatura? *Gefällt dir meine Frisur?*
Non **mi piacciono** le cozze. *Ich mag Muscheln überhaupt nicht.*
Il concerto **vi è piaciuto**? *Hat euch das Konzert gefallen?*
Gli piaceva sciare. *Er fuhr gern Ski.*
Ci piacerebbe andare al mare. *Wir würden gern ans Meer fahren.*
Sembra che la mia amica Laura **piaccia a** tuo fratello. *Es scheint, dass meine Freundin Laura deinem Bruder gefällt.*
Le cose stanno così, che **ti piaccia** o no. *So stehen die Dinge, ob es dir gefällt oder nicht.*

 Sprichwörter
Tradimento piace assai, traditor non piace mai. *Man liebt den Verrat, aber nicht den Verräter.*
A nessuno piace chi troppo a se stesso piace. *Niemandem gefällt, wer sich selbst zu sehr gefällt.*

 Ähnliche Verben

dilettarsi *Freude haben*	compiacere *entgegenkommen*
deliziare *Freude bereiten*	dispiacere *missfallen, leidtun*
gradire *mögen, annehmen*	spiacere *nicht gefallen, missfallen*
fare qc. volentieri *etw. gern tun*	

 Gebrauch
Piacere wird meist in der 3. Person verwendet. Es richtet sich in Numerus und Genus stets nach seinem Bezugswort:
Ti è piaciuta la festa? *Hat dir das Fest gefallen?*
Ti sono piaciuti gli spaghetti? *Haben dir die Spaghetti geschmeckt?*

Im Passato remoto werden die unregelmäßigen Formen genauso gebildet wie bei nascere *geboren werden*.

 Tipps & Tricks
Piacere ist auch ein maskulines Substantiv mit der Bedeutung *Gefallen, Vergnügen*. Wichtige Wendungen sind: **con piacere** *mit Vergnügen*, **fare un piacere** *einen Gefallen tun*, **Piacere!** *Sehr erfreut/Angenehm!*

2. Konjugation

piangere — *weinen*

Indicativo

Presente
- piango
- piangi
- piange
- piangiamo
- piangete
- piangono

Passato prossimo
- ho pianto
- hai pianto
- ha pianto
- abbiamo pianto
- avete pianto
- hanno pianto

Imperfetto
- piangevo
- piangevi
- piangeva
- piangevamo
- piangevate
- piangevano

Trapassato prossimo
- avevo pianto
- avevi pianto
- aveva pianto
- avevamo pianto
- avevate pianto
- avevano pianto

Passato remoto
- piansi
- piangesti
- pianse
- piangemmo
- piangeste
- piansero

Trapassato remoto
- ebbi pianto
- avesti pianto
- ebbe pianto
- avemmo pianto
- aveste pianto
- ebbero pianto

Futuro semplice
- piangerò
- piangerai
- piangerà
- piangeremo
- piangerete
- piangeranno

Futuro composto
- avrò pianto
- avrai pianto
- avrà pianto
- avremo pianto
- avrete pianto
- avranno pianto

Congiuntivo

Presente
- pianga
- pianga
- pianga
- piangiamo
- piangiate
- piangano

Imperfetto
- piangessi
- piangessi
- piangesse
- piangessimo
- piangeste
- piangessero

Passato
- abbia pianto
- abbia pianto
- abbia pianto
- abbiamo pianto
- abbiate pianto
- abbiano pianto

Trapassato
- avessi pianto
- avessi pianto
- avesse pianto
- avessimo pianto
- aveste pianto
- avessero pianto

Condizionale

Semplice
- piangerei
- piangeresti
- piangerebbe
- piangeremmo
- piangereste
- piangerebbero

Composto
- avrei pianto
- avresti pianto
- avrebbe pianto
- avremmo pianto
- avreste pianto
- avrebbero pianto

Imperativo
- (tu) piangi
- (Lei) pianga
- (noi) piangiamo
- (voi) piangete
- (loro) piangano

Infinito passato
- avere pianto

Participio

Presente
- piangente

Passato
- pianto

Gerundio

Presente
- piangendo

Passato
- avendo pianto

piangere *weinen*

 Anwendungsbeispiele
Non **piangere**, amore mio! *Weine nicht, mein Schatz!*
Se solo ci penso mi viene da **piangere**. *Wenn ich nur daran denke, muss ich weinen.*
Mi piange il cuore vedendolo così. *Mir blutet das Herz, wenn ich ihn so sehe.*
Apprendendo la novità **piangevano di** gioia. *Als sie die Neuigkeit erfuhren, weinten sie vor Freude.*
Quante lacrime **ho pianto per** lui! *Wie viele Tränen habe ich seinetwegen vergossen!*
Pianse fino ad esaurire tutte le sue lacrime. *Er weinte, bis er all seine Tränen vergossen hatte.*

 Redewendungen
piangere amaramente/dirottamente *bitterlich weinen*
piangere qc./qu. *etw./jdm. nachtrauern*
piangere di gioia/dolore/rabbia *vor Freude/Schmerz/Wut weinen*
piangere come un vitello (umgs.) *herzzerreißend heulen*
piangere sul latte versato (umgs.) *unnütze Tränen vergießen*
far piangere qu. *jdn. zum Weinen bringen*

 Andere Verben
compiacersi *sich freuen*
felicitarsi *sich freuen*
essere contento *froh sein*
essere lieto *froh/fröhlich sein*
ridere *lachen*

 Aufgepasst!
Das Verb **piangere** gehört zu einer Reihe von Verben der 2. Konjugation, die lediglich im Participio und im Passato remoto der 1. und 3. Person Singular sowie der 3. Person Plural Unregelmäßigkeiten aufweisen.

2. Konjugation

43 porre — *setzen, stellen*

Infinitiv zusammengezogen aus lat. **ponere**

Indicativo

Presente
- pongo
- poni
- pone
- poniamo
- ponete
- pongono

Passato prossimo
- ho posto
- hai posto
- ha posto
- abbiamo posto
- avete posto
- hanno posto

Imperfetto
- ponevo
- ponevi
- poneva
- ponevamo
- ponevate
- ponevano

Trapassato prossimo
- avevo posto
- avevi posto
- aveva posto
- avevamo posto
- avevate posto
- avevano posto

Passato remoto
- posi
- ponesti
- pose
- ponemmo
- poneste
- posero

Trapassato remoto
- ebbi posto
- avesti posto
- ebbe posto
- avemmo posto
- aveste posto
- ebbero posto

Futuro semplice
- porrò
- porrai
- porrà
- porremo
- porrete
- porranno

Futuro composto
- avrò posto
- avrai posto
- avrà posto
- avremo posto
- avrete posto
- avranno posto

Congiuntivo

Presente
- ponga
- ponga
- ponga
- poniamo
- poniate
- pongano

Imperfetto
- ponessi
- ponessi
- ponesse
- ponessimo
- poneste
- ponessero

Passato
- abbia posto
- abbia posto
- abbia posto
- abbiamo posto
- abbiate posto
- abbiano posto

Trapassato
- avessi posto
- avessi posto
- avesse posto
- avessimo posto
- aveste posto
- avessero posto

Condizionale

Semplice
- porrei
- porresti
- porrebbe
- porremmo
- porreste
- porrebbero

Composto
- avrei posto
- avresti posto
- avrebbe posto
- avremmo posto
- avreste posto
- avrebbero posto

Imperativo

- (tu) poni
- (Lei) ponga
- (noi) poniamo
- (voi) ponete
- (loro) pongano

Infinito passato

avere posto

Participio

Presente
ponente

Passato
posto

Gerundio

Presente
ponendo

Passato
avendo posto

porre *setzen, stellen*

 Anwendungsbeispiele

Ti **pongo** la mano in segno di amicizia. *Ich reiche dir die Hand als Zeichen der Freundschaft.*
Hanno posto fine al processo di pace. *Sie haben dem Friedensprozess ein Ende gesetzt.*
Pose la borsa sotto la sedia. *Er/Sie stellte die Tasche unter den Sitz.*
Di sera **poneva** gli occhiali **sul** comodino. *Abends legte er/sie die Brille auf den Nachttisch.*
Poniamo che sia vero. *Nehmen wir an, dass es wahr ist.*

 Redewendungen

porre una domanda *eine Frage stellen*
porre un limite *eine Grenze setzen*
porre fiducia in qu. *in jdn. Vertrauen setzen*
porre fine a qc. *einer Sache ein Ende bereiten*
porre lo sguardo su *den Blick heften auf*
porre in libertà *freilassen*
porrsi a sedere *sich hinsetzen*

 Ähnliche Verben

comporre *bilden, verfassen*
esporre *aussetzen, ausstellen*
imporre *vorschreiben*
opporre *entgegenhalten*
proporre *vorschlagen*
trasporre *umstellen, umsetzen*

 Aufgepasst!

Das völlig unregelmäßige Verb porre gehört zur 2. Konjugation, da es von dem lateinischen Infinitiv ponere abstammt, was in manchen Formen noch erkennbar ist.

 Tipps & Tricks

Wie auch bei mettere *setzen, stellen, legen* hängt die Bedeutung von porre wesentlich vom Kontext ab, in dem es verwendet wird.

2. Konjugation

 potere *können*

Indicativo

Presente
- posso
- puoi
- può
- possiamo
- potete
- possono

Passato prossimo
- ho potuto
- hai potuto
- ha potuto
- abbiamo potuto
- avete potuto
- hanno potuto

Imperfetto
- potevo
- potevi
- poteva
- potevamo
- potevate
- potevano

Trapassato prossimo
- avevo potuto
- avevi potuto
- aveva potuto
- avevamo potuto
- avevate potuto
- avevano potuto

Passato remoto
- potei
- potesti
- poté
- potemmo
- poteste
- poterono

Trapassato remoto
- ebbi potuto
- avesti potuto
- ebbe potuto
- avemmo potuto
- aveste potuto
- ebbero potuto

Futuro semplice
- potrò
- potrai
- potrà
- potremo
- potrete
- potranno

Futuro composto
- avrò potuto
- avrai potuto
- avrà potuto
- avremo potuto
- avrete potuto
- avranno potuto

Congiuntivo

Presente
- possa
- possa
- possa
- possiamo
- possiate
- possano

Imperfetto
- potessi
- potessi
- potesse
- potessimo
- poteste
- potessero

Passato
- abbia potuto
- abbia potuto
- abbia potuto
- abbiamo potuto
- abbiate potuto
- abbiano potuto

Trapassato
- avessi potuto
- avessi potuto
- avesse potuto
- avessimo potuto
- aveste potuto
- avessero potuto

Condizionale

Semplice
- potrei
- potresti
- potrebbe
- potremmo
- potreste
- potrebbero

Composto
- avrei potuto
- avresti potuto
- avrebbe potuto
- avremmo potuto
- avreste potuto
- avrebbero potuto

Imperativo
- –
- –
- –
- –
- –

Infinito passato
avere potuto

Participio

Presente
potente

Passato
potuto

Gerundio

Presente
potendo

Passato
avendo potuto

potere *können*

 Anwendungsbeispiele
Ti **posso** aiutare? *Kann ich dir helfen?*
Non **può** più vivere senza di lei. *Er kann ohne sie nicht mehr leben.*
Potete venire quando volete. *Ihr könnt kommen, wann ihr wollt.*
Te l'**avrei potuto** dire subito. *Das hätte ich dir gleich sagen können.*

 Witz
Paziente: «Dottore, potrò vedere meglio usando queste lenti?»
Dottore: «Certamente.»
Paziente: «E potrò anche leggere e scrivere?»
Dottore: «Sicuro!»
Paziente: «Benissimo ... e pensa che fino a ieri ero analfabeta!»

 Ähnliche Verben
essere capace di *können, beherrschen*
essere in grado di *in der Lage sein*
avere la possibilità di *die Möglichkeit haben*
sapere *wissen, können*
riuscire *gelingen, es schaffen*

 Gebrauch
Beachten Sie den Bedeutungsunterschied zwischen **potere** und **sapere**, die im Deutschen beide mit *können* wiedergegeben werden:
Posso parlare con lei. *Ich kann mit ihr sprechen (weil ich die Möglichkeit habe).*
So parlare l'italiano. *Ich kann Italienisch sprechen (weil ich es gelernt habe).*

In der Regel werden die zusammengesetzten Zeiten von **potere** mit dem Hilfsverb *avere haben* gebildet. *Essere sein* wird nur dann verwendet, wenn **potere** vor einem Verb steht, das als Hilfsverb *essere* verlangt:
Non **ho potuto** vederlo. *Ich konnte ihn nicht sehen.*
Non **sono potuto** venire. *Ich konnte nicht kommen.*

 Tipps & Tricks
Das Verb **potere** zählt wie **dovere** *müssen*, **sapere** *wissen* und **volere** *wollen* zu den Modalverben. Da sie sehr häufig gebraucht werden, sollten Sie die Konjugationen dieser Verben sicher beherrschen.

2. Konjugation

(45) prendere *nehmen*

Indicativo

Presente
- prendo
- prendi
- prende
- prendiamo
- prendete
- prendono

Passato prossimo
- ho preso
- hai preso
- ha preso
- abbiamo preso
- avete preso
- hanno preso

Imperfetto
- prendevo
- prendevi
- prendeva
- prendevamo
- prendevate
- prendevano

Trapassato prossimo
- avevo preso
- avevi preso
- aveva preso
- avevamo preso
- avevate preso
- avevano preso

Passato remoto
- presi
- prendesti
- prese
- prendemmo
- prendeste
- presero

Trapassato remoto
- ebbi preso
- avesti preso
- ebbe preso
- avemmo preso
- aveste preso
- ebbero preso

Futuro semplice
- prenderò
- prenderai
- prenderà
- prenderemo
- prenderete
- prenderanno

Futuro composto
- avrò preso
- avrai preso
- avrà preso
- avremo preso
- avrete preso
- avranno preso

Congiuntivo

Presente
- prenda
- prenda
- prenda
- prendiamo
- prendiate
- prendano

Imperfetto
- prendessi
- prendessi
- prendesse
- prendessimo
- prendeste
- prendessero

Passato
- abbia preso
- abbia preso
- abbia preso
- abbiamo preso
- abbiate preso
- abbiano preso

Trapassato
- avessi preso
- avessi preso
- avesse preso
- avessimo preso
- aveste preso
- avessero preso

Condizionale

Semplice
- prenderei
- prenderesti
- prenderebbe
- prenderemmo
- prendereste
- prenderebbero

Composto
- avrei preso
- avresti preso
- avrebbe preso
- avremmo preso
- avreste preso
- avrebbero preso

Imperativo
- (tu) prendi
- (Lei) prenda
- (noi) prendiamo
- (voi) prendete
- (loro) prendano

Infinito passato
- avere preso

Participio

Presente
- prendente

Passato
- preso

Gerundio

Presente
- prendendo

Passato
- avendo preso

prendere *nehmen*

 Anwendungsbeispiele
Prendo il bus per arrivare alla stazione. *Ich nehme den Bus, um zum Bahnhof zu gelangen.*
Andiamo a **prendere qualcosa**? *Gehen wir etwas essen/trinken?*
Avete già **preso** il caffè? *Habt ihr schon Kaffee getrunken?*
Presi il mio capello e partii. *Ich nahm meinen Hut und ging.*
Prenda pure! *Bitte nehmen Sie ruhig!*
Non te la **prendere**! *Ärgere dich nicht!*

 Redewendungen
prendere posizione *Stellung nehmen*
prendere sonno *einschlafen, müde werden*
prendere il raffreddore *sich erkälten*
prendere il sole *sich sonnen*
prendere in moglie/per marito *zur Frau/zum Mann nehmen*
prendere qu. in braccio *jdn. in den Arm nehmen*
prendere qu. in giro (umgs.) *jdn. auf den Arm nehmen*
prendere qu./qc. sul serio *jdn./etw. ernst nehmen*
andare a prendere qu. *jdn. abholen*
prendersela (umgs.) *sich ärgern*

 Ähnliche Verben
apprendere *(er)lernen*
comprendere *begreifen, verstehen*
intraprendere *unternehmen*
riprendere *zurücknehmen, wieder beginnen*
sorprendere *überraschen*

 Aufgepasst!
Prendere ist nur in der 1. und 3. Person Singular sowie in der 3. Person Plural des Passato remoto und im Participio unregelmäßig.

 Tipps & Tricks
Wie prendere werden auch einige andere Verben auf -endere konjugiert, z. B. rendere *zurückgeben*, attendere *erwarten*, dipendere *abhängen*, offendere *beleidigen*, spendere *ausgeben* usw.

3. Konjugation

46. riempire *auffüllen*

Indicativo

Presente
- riempio
- riempi
- riempie
- riempiamo
- riempite
- riempiono

Passato prossimo
- ho riempito
- hai riempito
- ha riempito
- abbiamo riempito
- avete riempito
- hanno riempito

Imperfetto
- riempivo
- riempivi
- riempiva
- riempivamo
- riempivate
- riempivano

Trapassato prossimo
- avevo riempito
- avevi riempito
- aveva riempito
- avevamo riempito
- avevate riempito
- avevano riempito

Passato remoto
- riempii
- riempisti
- riempì
- riempimmo
- riempiste
- riempirono

Trapassato remoto
- ebbi riempito
- avesti riempito
- ebbe riempito
- avemmo riempito
- aveste riempito
- ebbero riempito

Futuro semplice
- riempirò
- riempirai
- riempirà
- riempiremo
- riempirete
- riempiranno

Futuro composto
- avrò riempito
- avrai riempito
- avrà riempito
- avremo riempito
- avrete riempito
- avranno riempito

Congiuntivo

Presente
- riempia
- riempia
- riempia
- riempiamo
- riempiate
- riempiano

Imperfetto
- riempissi
- riempissi
- riempisse
- riempissimo
- riempiste
- riempissero

Passato
- abbia riempito
- abbia riempito
- abbia riempito
- abbiamo riempito
- abbiate riempito
- abbiano riempito

Trapassato
- avessi riempito
- avessi riempito
- avesse riempito
- avessimo riempito
- aveste riempito
- avessero riempito

Condizionale

Semplice
- riempirei
- riempiresti
- riempirebbe
- riempiremmo
- riempireste
- riempirebbero

Composto
- avrei riempito
- avresti riempito
- avrebbe riempito
- avremmo riempito
- avreste riempito
- avrebbero riempito

Imperativo
- (tu) riempi
- (Lei) riempia
- (noi) riempiamo
- (voi) riempite
- (loro) riempiano

Infinito passato
avere riempito

Participio

Presente
- riempiente

Passato
- riempito

Gerundio

Presente
- riempiendo

Passato
- avendo riempito

riempire *auffüllen*

 Anwendungsbeispiele
Per partecipare bisogna **riempire** il modulo. *Um teilzunehmen, muss man das Formular **ausfüllen**.*
Riempio i bicchieri di vino. *Ich **fülle** die Gläser mit Wein.*
Questo risultato straordinario ci **riempie di** orgoglio. *Dieses hervorragende Ergebnis **erfüllt uns mit** Stolz.*
Il fine settimana la discoteca **si riempie di** giovani. *Am Wochenende **füllt sich** die Diskothek **mit** jungen Leuten.*
Hai già **riempito** la vasca di acqua calda? *Hast du die Wanne schon mit warmem Wasser **gefüllt**?*

 Redewendungen
riempire il bicchiere *das Glas füllen*
riempire lo stomaco *den Magen füllen*
riempire un foglio *ein Blatt beschreiben*
riempire un modulo *ein Formular ausfüllen*
riempire una lacuna *eine Lücke füllen*
riempirsi (umgs.) *sich vollschlagen/-stopfen/füllen*

 Ähnliche Verben
colmare *füllen*   adempire *erfüllen*
versare *einschenken, verschütten*
compilare *verfassen, ausfüllen*
affollare *bevölkern, füllen*
farcire *füllen, farcieren*

 Aufgepasst!
Das Verb **riempire** weist eine Besonderheit auf: In einigen Formen wird vor der Endung ein **-i** eingeschoben, nämlich wenn diese nicht mit **-i** beginnt (Indicativo presente, Congiuntivo presente, Imperativo, Gerundio presente, Participio presente).

2. Konjugation

47 rimanere *bleiben*

Indicativo

Presente
- rimango
- rimani
- rimane
- rimaniamo
- rimanete
- rimangono

Passato prossimo
- sono rimasto
- sei rimasto
- è rimasto
- siamo rimasti
- siete rimasti
- sono rimasti

Imperfetto
- rimanevo
- rimanevi
- rimaneva
- rimanevamo
- rimanevate
- rimanevano

Trapassato prossimo
- ero rimasto
- eri rimasto
- era rimasto
- eravamo rimasti
- eravate rimasti
- erano rimasti

Passato remoto
- rimasi
- rimanesti
- rimase
- rimanemmo
- rimaneste
- rimasero

Trapassato remoto
- fui rimasto
- fosti rimasto
- fu rimasto
- fummo rimasti
- foste rimasti
- furono rimasti

Futuro semplice
- rimarrò
- rimarrai
- rimarrà
- rimarremo
- rimarrete
- rimarranno

Futuro composto
- sarò rimasto
- sarai rimasto
- sarà rimasto
- saremo rimasti
- sarete rimasti
- saranno rimasti

Congiuntivo

Presente
- rimanga
- rimanga
- rimanga
- rimaniamo
- rimaniate
- rimangano

Imperfetto
- rimanessi
- rimanessi
- rimanesse
- rimanessimo
- rimaneste
- rimanessero

Passato
- sia rimasto
- sia rimasto
- sia rimasto
- siamo rimasti
- siate rimasti
- siano rimasti

Trapassato
- fossi rimasto
- fossi rimasto
- fosse rimasto
- fossimo rimasti
- foste rimasti
- fossero rimasti

Condizionale

Semplice
- rimarrei
- rimarresti
- rimarrebbe
- rimarremmo
- rimarreste
- rimarrebbero

Composto
- sarei rimasto
- saresti rimasto
- sarebbe rimasto
- saremmo rimasti
- sareste rimasti
- sarebbero rimasti

Imperativo
- (tu) rimani
- (Lei) rimanga
- (noi) rimaniamo
- (voi) rimanete
- (loro) rimangano

Infinito passato
essere rimasto

Participio

Presente
rimanente

Passato
rimasto

Gerundio

Presente
rimanendo

Passato
essendo rimasto

rimanere *bleiben*

 Anwendungsbeispiele
Quanto **rimanete al** mare? *Wie lange bleibt ihr am Meer?*
Ne **sono rimasti** solo due. *Es sind nur zwei davon übrig geblieben.*
Paola **rimarrà** a casa tutto il giorno. *Paola wird den ganzen Tag zu Hause bleiben.*
Rimanga seduto, per favore! *Bleiben Sie bitte sitzen!*

 Redewendungen
rimanere a casa *zu Hause bleiben*
rimanere confuso *verwirrt sein*
rimanere male *enttäuscht sein*
rimanere d'accordo *so verbleiben*
rimanere indietro *zurückbleiben*
rimanere in piedi *stehen bleiben*
rimanere seduto *sitzen bleiben*
rimanere a bocca aperta *mit offenem Mund dastehen*
non rimanere altro *nichts anderes übrig bleiben*

 Ähnliche Verben
restare *bleiben*   permanere *andauern*
stare *bleiben*
fermarsi *sich aufhalten*
avanzare *übrig bleiben*

 Aufgepasst!
Das Verb **rimanere** weist folgende Besonderheiten auf:
Beginnt die Endung mit **-a** oder **-o**, wird das **-n** des Verbstammes zu **-ng** (Indicativo presente, Congiuntivo presente und Imperativo), z. B. **(io) rimango**, **(loro) rimangano**, **(lui) rimanga**.
Der Wortstamm ist im Futuro semplice sowie im Condizionale semplice verkürzt, wobei sich das **-r** verdoppelt: **(tu) rimarrai**, **(loro) rimarrebbero** usw.

 Tipps & Tricks
Weitere wichtige Verben, bei denen das **-n** des Verbstammes vor **-a** und **-o** zu **-ng** wird, sind z. B.: **tenere** *halten*: **(io) tengo**, **(Lei) tenga**, **venire** *kommen*: **(io) vengo**, **(loro) vengono**.

2. Konjugation

 risolvere *lösen, zerstreuen*

Indicativo

Presente
risolvo
risolvi
risolve
risolviamo
risolvete
risolvono

Passato prossimo
ho risolto
hai risolto
ha risolto
abbiamo risolto
avete risolto
hanno risolto

Imperfetto
risolvevo
risolvevi
risolveva
risolvevamo
risolvevate
risolvevano

Trapassato prossimo
avevo risolto
avevi risolto
aveva risolto
avevamo risolto
avevate risolto
avevano risolto

Passato remoto
risolsi
risolvesti
risolse
risolvemmo
risolveste
risolsero

Trapassato remoto
ebbi risolto
avesti risolto
ebbe risolto
avemmo risolto
aveste risolto
ebbero risolto

Futuro semplice
risolverò
risolverai
risolverà
risolveremo
risolverete
risolveranno

Futuro composto
avrò risolto
avrai risolto
avrà risolto
avremo risolto
avrete risolto
avranno risolto

Congiuntivo

Presente
risolva
risolva
risolva
risolviamo
risolviate
risolvano

Imperfetto
risolvessi
risolvessi
risolvesse
risolvessimo
risolveste
risolvessero

Passato
abbia risolto
abbia risolto
abbia risolto
abbiamo risolto
abbiate risolto
abbiano risolto

Trapassato
avessi risolto
avessi risolto
avesse risolto
avessimo risolto
aveste risolto
avessero risolto

Condizionale

Semplice
risolverei
risolveresti
risolverebbe
risolveremmo
risolvereste
risolverebbero

Composto
avrei risolto
avresti risolto
avrebbe risolto
avremmo risolto
avreste risolto
avrebbero risolto

Imperativo
(tu) risolvi
(Lei) risolva
(noi) risolviamo
(voi) risolvete
(loro) risolvano

Infinito passato
avere risolto

Participio

Presente
risolvente

Passato
risolto

Gerundio

Presente
risolvendo

Passato
avendo risolto

risolvere *lösen, zerstreuen*

 Anwendungsbeispiele

Ho un problema che non riesco a **risolvere**. *Ich habe ein Problem, das ich nicht lösen kann.*
In che tempo **avete risolto** il sudoku? *In welcher Zeit habt ihr das Sudoku gelöst?*
Le riforme non **risolsero** i conflitti sociali. *Die Reformen lösten die sozialen Konflikte nicht.*
Se potessi **risolverei** il contratto. *Wenn ich könnte, würde ich den Vertrag auflösen.*
Sto risolvendo un indovinello. *Ich löse gerade ein Rätsel.*

 Redewendungen

risolvere un problema *ein Problem lösen*
risolvere un indovinello *ein Rätsel lösen*
risolvere un contratto *einen Vertrag auflösen*
risolvere tutti i dubbi *alle Zweifel/Bedenken zerstreuen*
risolversi *sich entscheiden/entschließen*
risolversi bene/male *gut/schlecht ausgehen*
risolversi in *hinauslaufen auf*

 Ähnliche Verben

trovare una soluzione *eine Lösung finden*   assolvere *freisprechen*
regolare *regeln*   dissolvere *auflösen*
eliminare *beseitigen*
sciogliere *lösen, losmachen*
decidere *beschließen*

 Aufgepasst!

Risolvere gehört zu den Verben der 2. Konjugation, die lediglich in der 1. und 3. Person Singular und der 3. Person Plural des Passato remoto sowie im Participio unregelmäßig sind.

2. Konjugation

49 rispondere *antworten*

Indicativo

Presente
- rispondo
- rispondi
- risponde
- rispondiamo
- rispondete
- rispondono

Passato prossimo
- ho risposto
- hai risposto
- ha risposto
- abbiamo risposto
- avete risposto
- hanno risposto

Imperfetto
- rispondevo
- rispondevi
- rispondeva
- rispondevamo
- rispondevate
- rispondevano

Trapassato prossimo
- avevo risposto
- avevi risposto
- aveva risposto
- avevamo risposto
- avevate risposto
- avevano risposto

Passato remoto
- risposi
- rispondesti
- rispose
- rispondemmo
- rispondeste
- risposero

Trapassato remoto
- ebbi risposto
- avesti risposto
- ebbe risposto
- avemmo risposto
- aveste risposto
- ebbero risposto

Futuro semplice
- risponderò
- risponderai
- risponderà
- risponderemo
- risponderete
- risponderanno

Futuro composto
- avrò risposto
- avrai risposto
- avrà risposto
- avremo risposto
- avrete risposto
- avranno risposto

Congiuntivo

Presente
- risponda
- risponda
- risponda
- rispondiamo
- rispondiate
- rispondano

Imperfetto
- rispondessi
- rispondessi
- rispondesse
- rispondessimo
- rispondeste
- rispondessero

Passato
- abbia risposto
- abbia risposto
- abbia risposto
- abbiamo risposto
- abbiate risposto
- abbiano risposto

Trapassato
- avessi risposto
- avessi risposto
- avesse risposto
- avessimo risposto
- aveste risposto
- avessero risposto

Condizionale

Semplice
- risponderei
- risponderesti
- risponderebbe
- risponderemmo
- rispondereste
- risponderebbero

Composto
- avrei risposto
- avresti risposto
- avrebbe risposto
- avremmo risposto
- avreste risposto
- avrebbero risposto

Imperativo
- (tu) rispondi
- (Lei) risponda
- (noi) rispondiamo
- (voi) rispondete
- (loro) rispondano

Infinito passato
- avere risposto

Participio

Presente
- rispondente

Passato
- risposto

Gerundio

Presente
- rispondendo

Passato
- avendo risposto

rispondere *antworten*

 Anwendungsbeispiele

Chi mi può **rispondere**? *Wer kann mir antworten?*
Al telefono non **risponde** nessuno. *Am Telefon meldet sich niemand.*
Hanno risposto all'invito con grande gioia. *Sie haben mit großer Freude auf die Einladung reagiert.*
Rispose con un sorriso. *Er/Sie antwortete mit einem Lächeln.*
Risposero che non sarebbe stato possibile. *Sie antworteten, dass es nicht möglich gewesen ist.*
Rispondete subito **alle** domande! *Antwortet sofort auf die Fragen!*

 Redewendungen

rispondere ad una domanda *auf eine Frage antworten*
rispondere ad una lettera *auf einen Brief antworten*
rispondere di sì/no *mit Ja/Nein antworten*
rispondere a voce/per (i)scritto *mündlich/schriftlich antworten*
rispondere al nome di qu. *in jds. Namen antworten*
rispondere al saluto di qu. *den Gruß von jdm. erwidern*
rispondere al telefono *sich am Telefon melden*
rispondere senza essere chiamato *antworten, ohne gefragt zu werden*
rispondere in tribunale *sich vor Gericht verantworten*

 Ähnliche Verben

dare una risposta *eine Antwort geben*
reagire *reagieren*
accettare *annehmen, zustimmen*
negare *verneinen, verweigern*

corrispondere *entsprechen, übereinstimmen*

 Aufgepasst!

Rispondere ist nur in der 1. und 3. Person Singular sowie in der 3. Person Plural des Passato remoto und im Participio unregelmäßig.

 Tipps & Tricks

Um sich das unregelmäßige Participio **risposto** leichter zu merken, denken Sie an das davon abgeleitete Substantiv **la risposta** *die Antwort*.

2. Konjugation

 rompere *(zer)brechen*

Indicativo

Presente
- rompo
- rompi
- rompe
- rompiamo
- rompete
- rompono

Passato prossimo
- ho rotto
- hai rotto
- ha rotto
- abbiamo rotto
- avete rotto
- hanno rotto

Imperfetto
- rompevo
- rompevi
- rompeva
- rompevamo
- rompevate
- rompevano

Trapassato prossimo
- avevo rotto
- avevi rotto
- aveva rotto
- avevamo rotto
- avevate rotto
- avevano rotto

Passato remoto
- ruppi
- rompesti
- ruppe
- rompemmo
- rompeste
- ruppero

Trapassato remoto
- ebbi rotto
- avesti rotto
- ebbe rotto
- avemmo rotto
- aveste rotto
- ebbero rotto

Futuro semplice
- romperò
- romperai
- romperà
- romperemo
- romperete
- romperanno

Futuro composto
- avrò rotto
- avrai rotto
- avrà rotto
- avremo rotto
- avrete rotto
- avranno rotto

Congiuntivo

Presente
- rompa
- rompa
- rompa
- rompiamo
- rompiate
- rompano

Imperfetto
- rompessi
- rompessi
- rompesse
- rompessimo
- rompeste
- rompessero

Passato
- abbia rotto
- abbia rotto
- abbia rotto
- abbiamo rotto
- abbiate rotto
- abbiano rotto

Trapassato
- avessi rotto
- avessi rotto
- avesse rotto
- avessimo rotto
- aveste rotto
- avessero rotto

Condizionale

Semplice
- romperei
- romperesti
- romperebbe
- romperemmo
- rompereste
- romperebbero

Composto
- avrei rotto
- avresti rotto
- avrebbe rotto
- avremmo rotto
- avreste rotto
- avrebbero rotto

Imperativo
- (tu) rompi
- (Lei) rompa
- (noi) rompiamo
- (voi) rompete
- (loro) rompano

Infinito passato
- avere rotto

Participio

Presente
- rompente

Passato
- rotto

Gerundio

Presente
- rompendo

Passato
- avendo rotto

rompere *(zer)brechen*

 Anwendungsbeispiele

Cadendo **si rompe** il braccio destro. *Durch den Sturz* **bricht er/sie sich** *den rechten Arm.*
Mio fratello **ha rotto** la zuppiera. *Mein Bruder* **hat** *die Suppenschüssel* **zerbrochen**.
La mia macchina **è rotta**. *Mein Auto ist kaputt.*
Il bacio **ruppe** l'incantesimo e Biancaneve si svegliò. *Der Kuss* **brach** *den Zauber und Schneeweißchen wachte auf.*

 Redewendungen

rompere un accordo *eine Vereinbarung brechen*
rompere un piatto *einen Teller zerbrechen*
rompere un ramo *einen Ast abbrechen*
rompere le ossa a qu. *jdm. die Knochen brechen*
rompere le scatole a qu. (umgs.) *jdm. auf die Nerven gehen*
rompere con qu. *mit jdm. brechen*
rompersi *kaputtgehen*
rompersi una gamba/un braccio *sich ein Bein/einen Arm brechen*
rompersi la schiena *sich kaputtmachen*
rompersi la testa *sich den Kopf zerbrechen*

 Ähnliche Verben

infrangere *zerbrechen*
guastare *kaputt machen, verderben*
rovinarsi *kaputt-/zugrunde gehen*
spezzare *(entzwei)brechen*
spaccare *entzweischlagen*

corrompere *bestechen, korrumpieren*
interrompere *unterbrechen*
irrompere *einbrechen, eindringen*
prorompere *hervor-/ausbrechen*

 Aufgepasst!

Rompere gehört zu einer Reihe von Verben auf **-ere**, die lediglich im Participio und im Passato remoto Unregelmäßigkeiten aufweisen.

3. Konjugation

51 salire *(hoch)steigen*

Indicativo

Presente
- salgo
- sali
- sale
- saliamo
- salite
- salgono

Passato prossimo
- sono salito
- sei salito
- è salito
- siamo saliti
- siete saliti
- sono saliti

Imperfetto
- salivo
- salivi
- saliva
- salivamo
- salivate
- salivano

Trapassato prossimo
- ero salito
- eri salito
- era salito
- eravamo saliti
- eravate saliti
- erano saliti

Passato remoto
- salii
- salisti
- salì
- salimmo
- saliste
- salirono

Trapassato remoto
- fui salito
- fosti salito
- fu salito
- fummo saliti
- foste saliti
- furono saliti

Futuro semplice
- salirò
- salirai
- salirà
- saliremo
- salirete
- saliranno

Futuro composto
- sarò salito
- sarai salito
- sarà salito
- saremo saliti
- sarete saliti
- saranno saliti

Congiuntivo

Presente
- salga
- salga
- salga
- saliamo
- saliate
- salgano

Imperfetto
- salissi
- salissi
- salisse
- salissimo
- saliste
- salissero

Passato
- sia salito
- sia salito
- sia salito
- siamo saliti
- siate saliti
- siano saliti

Trapassato
- fossi salito
- fossi salito
- fosse salito
- fossimo saliti
- foste saliti
- fossero saliti

Condizionale

Semplice
- salirei
- saliresti
- salirebbe
- saliremmo
- salireste
- salirebbero

Composto
- sarei salito
- saresti salito
- sarebbe salito
- saremmo saliti
- sareste saliti
- sarebbero saliti

Imperativo
- (tu) sali
- (Lei) salga
- (noi) saliamo
- (voi) salite
- (loro) salgano

Infinito passato
essere salito

Participio

Presente
salente/saliente

Passato
salito

Gerundio

Presente
salendo

Passato
essendo salito

salire *(hoch)steigen*

 Anwendungsbeispiele
Saliamo sulla Torre di Pisa? *Steigen wir auf den Turm von Pisa?*
I prezzi **salgono** ancora. *Die Preise steigen weiter.*
Il sentiero **saliva** dolcemente. *Der Weg stieg leicht an.*
Salite che si parte! *Steigt ein, wir fahren los!*

 Redewendungen
salire le scale/i gradini *die Treppe/die Stufen hinaufsteigen*
salire un monte *einen Berg besteigen, auf einen Berg steigen*
salire con l'ascensore *mit dem Aufzug hochfahren*
salire su una sedia *auf einen Stuhl steigen*
salire sul treno/sulla macchina *in den Zug/ins Auto einsteigen*
salire alla testa *zu Kopf steigen*

 Ähnliche Verben

andare su *hochgehen/-steigen*	assalire *angreifen*
aumentare *steigen, vermehren*	risalire *wieder hochsteigen*
montare *(auf)steigen*	

 Aufgepasst!
Das Verb salire ist weitgehend regelmäßig. Die einzigen Ausnahmen bilden die Formen, deren Endung mit -a oder -o beginnt, da hier zwischen Verbstamm und Endung ein -g eingeschoben wird (Indicativo presente, Congiuntivo presente, Imperativo). Beachten Sie auch, dass es im Participio presente zwei Formen gibt, wobei die unregelmäßig gebildete Form **saliente** gebräuchlicher ist.

Zur Bildung der zusammengesetzten Zeiten wird bei intransitivem Gebrauch (ohne direktes Objekt) das Hilfsverb **essere** *sein* verwendet, bei transitivem Gebrauch (mit direktem Objekt) **avere** *haben*:
Sono saliti sul treno. *Sie sind in den Zug eingestiegen.*
Hanno salito le scale. *Sie sind die Treppen hinaufgestiegen.*

 Tipps & Tricks
Das eingeschobene -g findet sich z. B. auch bei den Verben **venire** *kommen* und **tenere** *halten*.

2. Konjugation

 sapere *wissen, können*

Indicativo

Presente
so
sai
sa
sappiamo
sapete
sanno

Passato prossimo
ho saputo
hai saputo
ha saputo
abbiamo saputo
avete saputo
hanno saputo

Imperfetto
sapevo
sapevi
sapeva
sapevamo
sapevate
sapevano

Trapassato prossimo
avevo saputo
avevi saputo
aveva saputo
avevamo saputo
avevate saputo
avevano saputo

Passato remoto
seppi
sapesti
seppe
sapemmo
sapeste
seppero

Trapassato remoto
ebbi saputo
avesti saputo
ebbe saputo
avemmo saputo
aveste saputo
ebbero saputo

Futuro semplice
saprò
saprai
saprà
sapremo
saprete
sapranno

Futuro composto
avrò saputo
avrai saputo
avrà saputo
avremo saputo
avrete saputo
avranno saputo

Congiuntivo

Presente
sappia
sappia
sappia
sappiamo
sappiate
sappiano

Imperfetto
sapessi
sapessi
sapesse
sapessimo
sapeste
sapessero

Passato
abbia saputo
abbia saputo
abbia saputo
abbiamo saputo
abbiate saputo
abbiano saputo

Trapassato
avessi saputo
avessi saputo
avesse saputo
avessimo saputo
aveste saputo
avessero saputo

Condizionale

Semplice
saprei
sapresti
saprebbe
sapremmo
sapreste
saprebbero

Composto
avrei saputo
avresti saputo
avrebbe saputo
avremmo saputo
avreste saputo
avrebbero saputo

Imperativo
(tu) sappi
(Lei) sappia
(noi) sappiamo
(voi) sappiate
(loro) sappiano

Infinito passato
avere saputo

Participio

Presente
sapiente

Passato
saputo

Gerundio

Presente
sapendo

Passato
avendo saputo

sapere *wissen, können*

Anwendungsbeispiele
Sai suonare il pianoforte? *Kannst du Klavier spielen?*
Non **si sa** mai! *Man kann nie wissen!*
Mi sa che Maurizio si è innamorato. *Ich habe den Eindruck, dass Maurizio verliebt ist.*
Sapevo che sarebbe andata così. *Ich wusste, dass es so kommen würde.*
Come se lo **sapessi**! *Als ob ich das wüsste!*
Non **saprei** cosa dire. *Ich wüsste nicht, was ich sagen sollte.*

Witz
Riccardo: «So che hai litigato con tua moglie. Com'è finita?»
Stefano: «Sapessi, è venuta da me in ginocchio.»
Riccardo: «Ah, sì? E che cosa ha detto?»
Stefano: «Vieni fuori da sotto il letto, vigliacco!»

Ähnliche Verben
essere informato *wissen, informiert sein* **risapere** *erfahren*
capire *verstehen*
conoscere *kennen*
ricordarsi *sich erinnern*

Gebrauch
Achten Sie auf den Bedeutungsunterschied, wenn **sapere** im Imperfetto oder im Passato prossimo verwendet wird:
Sapevo che ... *Ich wusste, dass ...*
Ho saputo che ... *Ich habe erfahren, dass ...*

In Verbindung mit der Präposition **di** hat **sapere** auch die Bedeutung *schmecken/riechen nach*:
Questo vino **sa di** tappo. *Dieser Wein schmeckt nach Korken.*
Il vento **sa di** mare. *Der Wind riecht nach Meer.*

Tipps & Tricks
Das deutsche Verb *können* wird mit **sapere** wiedergegeben, wenn es sich um eine Fähigkeit handelt, die erlernt wurde (vgl. **potere** *können*).

1. Konjugation

53 sbagliare — *einen Fehler machen*

Stammauslaut -i entfällt vor -i

Indicativo

Presente
- sbaglio
- sbagli
- sbaglia
- sbagliamo
- sbagliate
- sbagliano

Passato prossimo
- ho sbagliato
- hai sbagliato
- ha sbagliato
- abbiamo sbagliato
- avete sbagliato
- hanno sbagliato

Imperfetto
- sbagliavo
- sbagliavi
- sbagliava
- sbagliavamo
- sbagliavate
- sbagliavano

Trapassato prossimo
- avevo sbagliato
- avevi sbagliato
- aveva sbagliato
- avevamo sbagliato
- avevate sbagliato
- avevano sbagliato

Passato remoto
- sbagliai
- sbagliasti
- sbagliò
- sbagliammo
- sbagliaste
- sbagliarono

Trapassato remoto
- ebbi sbagliato
- avesti sbagliato
- ebbe sbagliato
- avemmo sbagliato
- aveste sbagliato
- ebbero sbagliato

Futuro semplice
- sbaglierò
- sbaglierai
- sbaglierà
- sbaglieremo
- sbaglierete
- sbaglieranno

Futuro composto
- avrò sbagliato
- avrai sbagliato
- avrà sbagliato
- avremo sbagliato
- avrete sbagliato
- avranno sbagliato

Congiuntivo

Presente
- sbagli
- sbagli
- sbagli
- sbagliamo
- sbagliate
- sbaglino

Imperfetto
- sbagliassi
- sbagliassi
- sbagliasse
- sbagliassimo
- sbagliaste
- sbagliassero

Passato
- abbia sbagliato
- abbia sbagliato
- abbia sbagliato
- abbiamo sbagliato
- abbiate sbagliato
- abbiano sbagliato

Trapassato
- avessi sbagliato
- avessi sbagliato
- avesse sbagliato
- avessimo sbagliato
- aveste sbagliato
- avessero sbagliato

Condizionale

Semplice
- sbaglierei
- sbaglieresti
- sbaglierebbe
- sbaglieremmo
- sbagliereste
- sbaglierebbero

Composto
- avrei sbagliato
- avresti sbagliato
- avrebbe sbagliato
- avremmo sbagliato
- avreste sbagliato
- avrebbero sbagliato

Imperativo
- (tu) sbaglia
- (Lei) sbagli
- (noi) sbagliamo
- (voi) sbagliate
- (loro) spaglino

Infinito passato
- avere sbagliato

Participio

Presente
- sbagliante

Passato
- sbagliato

Gerundio

Presente
- sbagliando

Passato
- avendo sbagliato

sbagliare *einen Fehler machen*

Anwendungsbeispiele
Spesso **sbaglia i calcoli**. *Oft verrechnet er/sie sich.*
Sua figlia **sbagliava** ancora **a scrivere**. *Seine/Ihre Tochter schrieb noch fehlerhaft.*
Mi dispiace molto, **ho sbagliato numero**. *Es tut mir sehr leid, ich habe mich verwählt.*
A Roma **sbagliarono treno**. *In Rom nahmen sie den falschen Zug.*
Sbagliando s'impara! *Aus Fehlern lernt man!*
Purtroppo **si è sbagliato**! *Leider hat er sich geirrt!*
Ho sbagliato a sposarmi così giovane. *Es war ein Fehler von mir, so jung zu heiraten.*

Witz
A scuola la maestra domanda a Pierino: «Fammi un esempio di ingiustizia!»
Pierino risponde: «Ehm ... quando io prendo un brutto voto perché papà ha sbagliato i compiti!»

Ähnliche Verben
confondere *verwechseln*
fallire *verfehlen*
fare un errore *einen Fehler machen*
errare *(sich) irren*
scambiare *verwechseln, vertauschen*
fraintendere *missdeuten*
equivocare *missverstehen*

Aufgepasst!
Die Besonderheit bei dem sonst regelmäßigen Verb **sbagliare** ist, dass ein **-i** entfällt, wenn die Endung mit **-i** beginnt (▷ Grammatik rund ums Verb, **1.1**): (tu) sbagli, (noi) sbagliamo usw. Dies betrifft manche Formen im Indicativo presente und im Imperativo sowie alle Formen im Congiuntivo presente.

Tipps & Tricks
Wie **sbagliare** werden alle Verben auf **-gliare**, **-chiare** und **-ziare** konjugiert, z. B. **tagliare** *schneiden*, **rischiare** *riskieren*, **ringraziare** *danken* usw.

2. Konjugation

54 scrivere *schreiben*

Indicativo

Presente
- scrivo
- scrivi
- scrive
- scriviamo
- scrivete
- scrivono

Passato prossimo
- ho scritto
- hai scritto
- ha scritto
- abbiamo scritto
- avete scritto
- hanno scritto

Imperfetto
- scrivevo
- scrivevi
- scriveva
- scrivevamo
- scrivevate
- scrivevano

Trapassato prossimo
- avevo scritto
- avevi scritto
- aveva scritto
- avevamo scritto
- avevate scritto
- avevano scritto

Passato remoto
- scrissi
- scrivesti
- scrisse
- scrivemmo
- scriveste
- scrissero

Trapassato remoto
- ebbi scritto
- avesti scritto
- ebbe scritto
- avemmo scritto
- aveste scritto
- ebbero scritto

Futuro semplice
- scriverò
- scriverai
- scriverà
- scriveremo
- scriverete
- scriveranno

Futuro composto
- avrò scritto
- avrai scritto
- avrà scritto
- avremo scritto
- avrete scritto
- avranno scritto

Congiuntivo

Presente
- scriva
- scriva
- scriva
- scriviamo
- scriviate
- scrivano

Imperfetto
- scrivessi
- scrivessi
- scrivesse
- scrivessimo
- scriveste
- scrivessero

Passato
- abbia scritto
- abbia scritto
- abbia scritto
- abbiamo scritto
- abbiate scritto
- abbiano scritto

Trapassato
- avessi scritto
- avessi scritto
- avesse scritto
- avessimo scritto
- aveste scritto
- avessero scritto

Condizionale

Semplice
- scriverei
- scriveresti
- scriverebbe
- scriveremmo
- scrivereste
- scriverebbero

Composto
- avrei scritto
- avresti scritto
- avrebbe scritto
- avremmo scritto
- avreste scritto
- avrebbero scritto

Imperativo
- (tu) scrivi
- (Lei) scriva
- (noi) scriviamo
- (voi) scrivete
- (loro) scrivano

Infinito passato
- avere scritto

Participio

Presente
- scrivente

Passato
- scritto

Gerundio

Presente
- scrivendo

Passato
- avendo scritto

scrivere *schreiben*

 Anwendungsbeispiele
Hai imparato a **scrivere a macchina**? *Hast du das Maschinenschreiben gelernt?*
Come **si scrive** il Suo nome? *Wie schreibt man Ihren Namen?*
Ti **scriverò** una cartolina da Palermo. *Ich werde dir eine Karte aus Palermo schreiben.*
Scrisse un articolo sulla violenza alle donne. *Er/Sie schrieb einen Artikel über die Gewalt an Frauen.*
Avete scritto in modo illeggibile. *Ihr habt unleserlich geschrieben.*
Sul cartello **è scritto** «Benvenuti». *Auf dem Schild steht „Willkommen".*

 Redewendungen
scrivere una lettera/un SMS *einen Brief/eine SMS schreiben*
scrivere un libro/un poema *ein Buch/ein Gedicht schreiben*
scrivere a mano/a macchina *mit der Hand/der Maschine schreiben*
scrivere sul foglio/sulla lavagna *auf das Blatt/die Tafel schreiben*
scrivere maiuscolo/minuscolo *groß-/kleinschreiben*

 Ähnliche Verben
descrivere *beschreiben*
iscrivere *eintragen, einschreiben*
prescrivere *verjähren lassen, vorschreiben, verschreiben*
proscrivere *verbannen, ächten, abschaffen*
riscrivere *wieder/erneut schreiben*
sottoscrivere *unterschreiben*
trascrivere *um-/abschreiben, eintragen, transkribieren*

 Aufgepasst!
Scrivere gehört zu einer Reihe von Verben der 2. Konjugation, die nur im Participio und im Passato remoto (1. und 3. Person Singular sowie 3. Person Plural) Unregelmäßigkeiten aufweisen.

 Tipps & Tricks
Prägen Sie sich auch die vom Participio **scritto** abgeleiteten Substantive **lo scrittore/la scrittrice** *der Schriftsteller/die Schriftstellerin* sowie **la scrittura** *die Schrift* ein.

2. Konjugation

⑤⑤ sedere *sitzen*   -e → -ie

Indicativo

Presente
- siedo/seggo
- siedi
- siede
- sediamo
- sedete
- siedono/seggono

Passato prossimo
- sono seduto
- sei seduto
- è seduto
- siamo seduti
- siete seduti
- sono seduti

Imperfetto
- sedevo
- sedevi
- sedeva
- sedevamo
- sedevate
- sedevano

Trapassato prossimo
- ero seduto
- eri seduto
- era seduto
- eravamo seduti
- eravate seduti
- erano seduti

Passato remoto
- sedei/sedetti
- sedesti
- sedé/sedette
- sedemmo
- sedeste
- sederono/sedettero

Trapassato remoto
- fui seduto
- fosti seduto
- fu seduto
- fummo seduti
- foste seduti
- furono seduti

Futuro semplice
- sederò
- sederai
- sederà
- sederemo
- sederete
- sederanno

Futuro composto
- sarò seduto
- sarai seduto
- sarà seduto
- saremo seduti
- sarete seduti
- saranno seduti

Congiuntivo

Presente
- sieda/segga
- sieda/segga
- sieda/segga
- sediamo
- sediate
- siedano/seggano

Imperfetto
- sedessi
- sedessi
- sedesse
- sedessimo
- sedeste
- sedessero

Passato
- sia seduto
- sia seduto
- sia seduto
- siamo seduti
- siate seduti
- siano seduti

Trapassato
- fossi seduto
- fossi seduto
- fosse seduto
- fossimo seduti
- foste seduti
- fossero seduti

Condizionale

Semplice
- sederei
- sederesti
- sederebbe
- sederemmo
- sedereste
- sederebbero

Composto
- sarei seduto
- saresti seduto
- sarebbe seduto
- saremmo seduti
- sareste seduti
- sarebbero seduti

Imperativo
- (tu) siedi
- (Lei) sieda/segga
- (noi) sediamo
- (voi) sedete
- (loro) siedano/seggano

Infinito passato
- essere seduto

Participio

Presente
- sedente

Passato
- seduto

Gerundio

Presente
- sedendo

Passato
- essendo seduto

sedere *sitzen*

 Anwendungsbeispiele
Preferisce **sedere** all'interno o all'aperto? *Möchten Sie lieber drinnen oder im Freien sitzen?*
Mi siedo sulla poltrona. *Ich setze mich auf den Sessel.*
Perché non **vi siete seduti in** prima fila? *Wieso habt ihr euch nicht in die erste Reihe gesetzt?*
Sedeva allo sportello di una banca. *Er/Sie saß am Schalter in einer Bank.*
Prego, **si sieda** pure! *Bitte setzen Sie sich ruhig!*
Mettiti a sedere per un'istante. *Setz dich einen Augenblick hin!*

 Redewendungen
sedere su una sedia/sul divano *auf einem Stuhl/dem Sofa sitzen*
sedere a tavola *am Tisch sitzen*
sedere in sella/sulle ginocchia *auf dem Sattel/Schoß sitzen*
sedere in giudizio *Richter sein*
essere/stare seduto *sitzen*
restare/rimanere seduto *sitzen bleiben*
mettersi a sedere *sich hinsetzen*
sedersi a tavola *sich zu Tisch setzen*
il posto a sedere *der Sitzplatz*

 Ähnliche Verben
accomodarsi *sich hinsetzen*   possedere *besitzen*

 Aufgepasst!
In den stammbetonten Formen wird der Stammvokal -e zu -ie, z. B. **(io) sie**do, **(loro) sie**dono usw. Eher selten und meist nur in literarischen Texten wird stattdessen der Stamm **segg-** gebraucht.

Die zusammengesetzten Zeiten können auch mit dem Hilfsverb avere *haben* gebildet werden, z. B. **ha** seduto, **aveva** seduto usw.

2. Konjugation

 spargere *(aus)streuen, verbreiten*

Indicativo

Presente
spargo
spargi
sparge
spargiamo
spargete
spargono

Passato prossimo
ho sparso
hai sparso
ha sparso
abbiamo sparso
avete sparso
hanno sparso

Imperfetto
spargevo
spargevi
spargeva
spargevamo
spargevate
spargevano

Trapassato prossimo
avevo sparso
avevi sparso
aveva sparso
avevamo sparso
avevate sparso
avevano sparso

Passato remoto
sparsi
spargesti
sparse
spargemmo
spargeste
sparsero

Trapassato remoto
ebbi sparso
avesti sparso
ebbe sparso
avemmo sparso
aveste sparso
ebbero sparso

Futuro semplice
spargerò
spargerai
spargerà
spargeremo
spargerete
spargeranno

Futuro composto
avrò sparso
avrai sparso
avrà sparso
avremo sparso
avrete sparso
avranno sparso

Congiuntivo

Presente
sparga
sparga
sparga
spargiamo
spargiate
spargano

Imperfetto
spargessi
spargessi
spargesse
spargessimo
spargeste
spargessero

Passato
abbia sparso
abbia sparso
abbia sparso
abbiamo sparso
abbiate sparso
abbiano sparso

Trapassato
avessi sparso
avessi sparso
avesse sparso
avessimo sparso
aveste sparso
avessero sparso

Condizionale

Semplice
spargerei
spargeresti
spargerebbe
spargeremmo
spargereste
spargerebbero

Composto
avrei sparso
avresti sparso
avrebbe sparso
avremmo sparso
avreste sparso
avrebbero sparso

Imperativo
(tu) spargi
(Lei) sparga
(noi) spargiamo
(voi) spargete
(loro) spargano

Infinito passato
avere sparso

Participio

Presente
spargente

Passato
sparso

Gerundio

Presente
spargendo

Passato
avendo sparso

spargere *(aus)streuen, verbreiten*

 Anwendungsbeispiele

La pigna si apre e **sparge** i semi. *Der Pinienzapfen öffnet sich und* **streut** *die Samen* **aus**.

Spargo la crema sul mio viso. *Ich verteile die Creme in meinem Gesicht.*

Presto la notizia **si spargeva in** tutta la città. *Bald* **verbreitete sich** *die Nachricht in der ganzen Stadt.*

Il bambino **ha sparso** tutto il latte. *Das Kind* **hat** *die ganze Milch* **verschüttet**.

Sparsero fiori **sul** mare per ricordare i marinai scomparsi. *Sie streuten Blumen ins Meer, um der verschollenen Seeleute zu gedenken.*

 Redewendungen

spargere sale *Salz streuen*
spargere terrore *Schrecken verbreiten*
spargere una voce *ein Gerücht verbreiten*
spargere lacrime *Tränen vergießen*
spargere sangue *Blut vergießen*
spargere luce/calore *Licht/Wärme ausstrahlen*
spargere sudore *schwitzen*

 Andere Verben

avvicinare *annähern*
riunire *versammeln, vereinen*
raccogliere *(ein)sammeln, ernten*
stringere *drücken, drängen*

 Gebrauch

Beachten Sie, dass spargere in den drei Formen des Passato remoto und im Participio unregelmäßig ist.

Das Participio sparso wird häufig auch als Adjektiv in der Bedeutung *lose* gebraucht, z. B. **pagine sparse** *lose Seiten*.

2. Konjugation

 spegnere *löschen, ausschalten* -gn → -ng vor -a und -o

Indicativo

Presente
spengo
spegni
spegne
spegniamo
spegnete
spengono

Passato prossimo
ho spento
hai spento
ha spento
abbiamo spento
avete spento
hanno spento

Imperfetto
spegnevo
spegnevi
spegneva
spegnevamo
spegnevate
spegnevano

Trapassato prossimo
avevo spento
avevi spento
aveva spento
avevamo spento
avevate spento
avevano spento

Passato remoto
spensi
spegnesti
spense
spegnemmo
spegneste
spensero

Trapassato remoto
ebbi spento
avesti spento
ebbe spento
avemmo spento
aveste spento
ebbero spento

Futuro semplice
spegnerò
spegnerai
spegnerà
spegneremo
spegnerete
spegneranno

Futuro composto
avrò spento
avrai spento
avrà spento
avremo spento
avrete spento
avranno spento

Congiuntivo

Presente
spenga
spenga
spenga
spegniamo
spegniate
spengano

Imperfetto
spegnessi
spegnessi
spegnesse
spegnessimo
spegneste
spegnessero

Passato
abbia spento
abbia spento
abbia spento
abbiamo spento
abbiate spento
abbiano spento

Trapassato
avessi spento
avessi spento
avesse spento
avessimo spento
aveste spento
avessero spento

Condizionale

Semplice
spegnerei
spegneresti
spegnerebbe
spegneremmo
spegnereste
spegnerebbero

Composto
avrei spento
avresti spento
avrebbe spento
avremmo spento
avreste spento
avrebbero spento

Imperativo
(tu) spegni
(Lei) spenga
(noi) spegniamo
(voi) spegnete
(loro) spengano

Infinito passato
avere spento

Participio

Presente
spegnente

Passato
spento

Gerundio

Presente
spegnendo

Passato
avendo spento

spegnere *löschen, ausschalten*

 Anwendungsbeispiele

I vigili del fuoco riescono a **spegnere** l'incendio. *Die Feuerwehrleute schaffen es, den Brand zu **löschen**.*
Spengo il cellulare per caricarlo. *Ich **mache** das Handy **aus**, um es aufzuladen.*
La morfina **spegne** il dolore. *Morphium **dämpft** den Schmerz.*
Hai spento la luce? *Hast du das Licht **ausgemacht**?*
Spense il motore e scese dalla macchina. *Er/Sie **schaltete** den Motor **aus** und stieg aus dem Auto.*
Per favore, **spenga** la sigaretta! ***Machen Sie** bitte die Zigarette **aus**!*

 Redewendungen

spegnere la radio/televisione *das Radio/den Fernseher ausschalten*
spegnere un fuoco/incendio *ein Feuer/einen Brand löschen*
spegnere una candela *eine Kerze ausblasen/-machen*
spegnere la sete *den Durst löschen*
spegnersi *ausgehen, stehen bleiben*

 Ähnliche Verben

chiudere *zumachen*
fermare *anhalten*
estinguere *löschen*
placare *beruhigen, stillen*

 Aufgepasst!

Bei dem Verb spegnere wird das -gn des Verbstammes zu -ng, wenn die Endung mit -a oder -o beginnt, z. B. **(io) spengo, (Lei) spenga** usw. Achten Sie bei der Aussprache darauf, dass das -g des Verbstammes nur in den Formen mit -ng hörbar ist!

Unregelmäßige Formen gibt es zudem im Passato remoto (1. und 3. Person Singular sowie 3. Person Plural) und im Participio.

 Tipps & Tricks

Eine ähnliche Besonderheit weisen z. B. auch die Verben venire *kommen*, rimanere *bleiben* und tenere *halten* auf: Beginnt die Endung mit -a oder -o, wird ein -g eingeschoben, z. B. **(io) vengo, (loro) rimangono, (Lei) tenga**.

1. Konjugation

 stare *bleiben, stehen*

Indicativo

Presente
- sto
- stai
- sta
- stiamo
- state
- stanno

Passato prossimo
- sono stato
- sei stato
- è stato
- siamo stati
- siete stati
- sono stati

Imperfetto
- stavo
- stavi
- stava
- stavamo
- stavate
- stavano

Trapassato prossimo
- ero stato
- eri stato
- era stato
- eravamo stati
- eravate stati
- erano stati

Passato remoto
- stetti
- stesti
- stette
- stemmo
- steste
- stettero

Trapassato remoto
- fui stato
- fosti stato
- fu stato
- fummo stati
- foste stati
- furono stati

Futuro semplice
- starò
- starai
- starà
- staremo
- starete
- staranno

Futuro composto
- sarò stato
- sarai stato
- sarà stato
- saremo stati
- sarete stati
- saranno stati

Congiuntivo

Presente
- stia
- stia
- stia
- stiamo
- stiate
- stiano

Imperfetto
- stessi
- stessi
- stesse
- stessimo
- steste
- stessero

Passato
- sia stato
- sia stato
- sia stato
- siamo stati
- siate stati
- siano stati

Trapassato
- fossi stato
- fossi stato
- fosse stato
- fossimo stati
- foste stati
- fossero stati

Condizionale

Semplice
- starei
- staresti
- starebbe
- staremmo
- stareste
- starebbero

Composto
- sarei stato
- saresti stato
- sarebbe stato
- saremmo stati
- sareste stati
- sarebbero stati

Imperativo
- (tu) sta'/stai
- (Lei) stia
- (noi) stiamo
- (voi) state
- (loro) stiano

Infinito passato
- essere stato

Participio

Presente
- stante

Passato
- stato

Gerundio

Presente
- stando

Passato
- essendo stato

stare *bleiben, stehen*

 Anwendungsbeispiele
Come **stai**? *Wie geht es dir?*
Questa giacca **ti sta** benissimo. *Diese Jacke* **steht dir** *sehr gut.*
Io non **ci sto**! *Ich mache nicht* **mit**!
Che cosa **state facendo**? *Was macht ihr gerade?*
Gli ospiti **stavano per** partire. *Die Gäste* **waren im Begriff** *abzureisen/***wollten** *gerade abreisen.*

 Redewendungen
stare bene/male/così così *gut/schlecht/einigermaßen gehen*
stare attento *aufmerksam sein*
stare tranquillo *ruhig bleiben/sein*
stare in piedi *stehen*
stare seduto *sitzen*
stare fermo *stillstehen*
stare a casa *zu Hause sein/bleiben*
stare a cuore *am Herzen liegen*
starci *einverstanden sein, mitmachen*
starci con qu. *mit jdm. gehen*
lasciar stare *(sein) lassen*

 Ähnliche Verben
rimanere *bleiben*
essere *sein, sich befinden*
soggiornare *sich aufhalten*
trovarsi *sich befinden*

 Aufgepasst!
Der Stammvokal -a bleibt im Futuro sowie im Condizionale semplice erhalten: (tu) st**a**rai, (lui) st**a**rebbe usw. Im Passato remoto und im Congiuntivo imperfetto hingegen wird der Stammvokal zu -e: (lui) st**e**tte, (noi) st**e**ssimo usw.

 Tipps & Tricks
Die Konjugation von stare weist viele Gemeinsamkeiten mit dare *geben* auf. Prägen Sie sich zudem die häufig gebrauchten Wendungen stare per fare *im Begriff sein zu tun* und stare facendo *gerade tun* gut ein!

2. Konjugation

stringere *drücken*

Indicativo

Presente
- stringo
- stringi
- stringe
- stringiamo
- stringete
- stringono

Passato prossimo
- ho stretto
- hai stretto
- ha stretto
- abbiamo stretto
- avete stretto
- hanno stretto

Imperfetto
- stringevo
- stringevi
- stringeva
- stringevamo
- stringevate
- stringevano

Trapassato prossimo
- avevo stretto
- avevi stretto
- aveva stretto
- avevamo stretto
- avevate stretto
- avevano stretto

Passato remoto
- strinsi
- stringesti
- strinse
- stringemmo
- stringeste
- strinsero

Trapassato remoto
- ebbi stretto
- avesti stretto
- ebbe stretto
- avemmo stretto
- aveste stretto
- ebbero stretto

Futuro semplice
- stringerò
- stringerai
- stringerà
- stringeremo
- stringerete
- stringeranno

Futuro composto
- avrò stretto
- avrai stretto
- avrà stretto
- avremo stretto
- avrete stretto
- avranno stretto

Congiuntivo

Presente
- stringa
- stringa
- stringa
- stringiamo
- stringiate
- stringano

Imperfetto
- stringessi
- stringessi
- stringesse
- stringessimo
- stringeste
- stringessero

Passato
- abbia stretto
- abbia stretto
- abbia stretto
- abbiamo stretto
- abbiate stretto
- abbiano stretto

Trapassato
- avessi stretto
- avessi stretto
- avesse stretto
- avessimo stretto
- aveste stretto
- avessero stretto

Condizionale

Semplice
- stringerei
- stringeresti
- stringerebbe
- stringeremmo
- stringereste
- stringerebbero

Composto
- avrei stretto
- avresti stretto
- avrebbe stretto
- avremmo stretto
- avreste stretto
- avrebbero stretto

Imperativo
- (tu) stringi
- (Lei) stringa
- (noi) stringiamo
- (voi) stringete
- (loro) stringano

Infinito passato
avere stretto

Participio

Presente
- stringente

Passato
- stretto

Gerundio

Presente
- stringendo

Passato
- avendo stretto

stringere *drücken*

 Anwendungsbeispiele

Questa gonna è da **stringere** qui. *Diesen Rock muss man hier etwas **enger machen.***
Sorridendo il direttore mi **stringe** la mano. *Lächelnd **drückt** der Direktor mir die Hand.*
Le scarpe **stringono** troppo. *Die Schuhe **drücken** zu sehr.*
La madre **strinse** i bambini **fra le braccia**. *Die Mutter **schloss** die Kinder in die Arme.*
Quest'anno **ho stretto** tante nuove amicizie. *Dieses Jahr **habe ich** viele neue Freundschaften **geschlossen.***
Ragazzi, per favore, **stringetevi** un pò! *Kinder, **rückt** bitte ein wenig **enger zusammen**!*

 Witz

A scuola la maestra propone un problema matematico.
La maestra dice: «Ci sono 30 sciatori che devono prendere la funivia. Ogni cabina trasporta 6 persone. Quante cabine occuperanno?»
Pierino prontamente risponde: «Cinque!»
La maestra domanda: «Che bravo! E se gli sciatori fossero 35?»
Pierino dice: «Si stringono!»

 Ähnliche Verben

premere *drücken*
schiacciare *drücken, zerdrücken*
pressare *drücken, ausdrücken*
costringere *zwingen*
restringere/ristringere *enger machen, begrenzen*

 Aufgepasst!

Das Verb **stringere** ist in der 1. und 3. Person Singular sowie in der 3. Person Plural des Passato remoto unregelmäßig. Des Weiteren wird das Participio unregelmäßig gebildet, wobei zu beachten ist, dass der Stammvokal -i zu -e wird: stre**tt**o.

2. Konjugation

tenere *halten*

-n → -ng vor -a und -o

Indicativo

Presente
- tengo
- tieni
- tiene
- teniamo
- tenete
- tengono

Passato prossimo
- ho tenuto
- hai tenuto
- ha tenuto
- abbiamo tenuto
- avete tenuto
- hanno tenuto

Imperfetto
- tenevo
- tenevi
- teneva
- tenevamo
- tenevate
- tenevano

Trapassato prossimo
- avevo tenuto
- avevi tenuto
- aveva tenuto
- avevamo tenuto
- avevate tenuto
- avevano tenuto

Passato remoto
- tenni
- tenesti
- tenne
- tenemmo
- teneste
- tennero

Trapassato remoto
- ebbi tenuto
- avesti tenuto
- ebbe tenuto
- avemmo tenuto
- aveste tenuto
- ebbero tenuto

Futuro semplice
- terrò
- terrai
- terrà
- terremo
- terrete
- terranno

Futuro composto
- avrò tenuto
- avrai tenuto
- avrà tenuto
- avremo tenuto
- avrete tenuto
- avranno tenuto

Congiuntivo

Presente
- tenga
- tenga
- tenga
- teniamo
- teniate
- tengano

Imperfetto
- tenessi
- tenessi
- tenesse
- tenessimo
- teneste
- tenessero

Passato
- abbia tenuto
- abbia tenuto
- abbia tenuto
- abbiamo tenuto
- abbiate tenuto
- abbiano tenuto

Trapassato
- avessi tenuto
- avessi tenuto
- avesse tenuto
- avessimo tenuto
- aveste tenuto
- avessero tenuto

Condizionale

Semplice
- terrei
- terresti
- terrebbe
- terremmo
- terreste
- terrebbero

Composto
- avrei tenuto
- avresti tenuto
- avrebbe tenuto
- avremmo tenuto
- avreste tenuto
- avrebbero tenuto

Imperativo

- (tu) tieni
- (Lei) tenga
- (noi) teniamo
- (voi) tenete
- (loro) tengano

Infinito passato

avere tenuto

Participio

Presente
- tenente

Passato
- tenuto

Gerundio

Presente
- tenendo

Passato
- avendo tenuto

tenere *halten*

 Anwendungsbeispiele
Tiene bene il vaso che non cada. *Er/Sie hält die Vase gut fest, damit sie nicht herunterfällt.*
Tengono i bambini fra le braccia. *Sie halten die Kinder in den Armen.*
Lara **teneva** all'aspetto esteriore. *Lara legte Wert auf das Äußere.*
Tienilo, non ne ho più bisogno. *Behalte es, ich brauche es nicht mehr.*

 Redewendungen
tenere qc. aperto/chiuso *etw. offen/geschlossen lassen*
tenere la parola *Wort halten*
tenere d'occhio qu. *jdn. im Auge behalten*
tenersi in piedi *sich auf den Beinen halten*
tenersi dal ridere *sich das Lachen verkneifen*

 Ähnliche Verben
appartenere *gehören*
astenersi *sich enthalten*
contenere *enthalten*
mantenere *(er)halten*
ottenere *erlangen*
ritenere *halten für*
sostenere *stützen, halten*

 Aufgepasst!
Bei dem Verb **tenere** wird das -n des Verbstammes zu -ng, wenn die Endung mit -a oder -o beginnt (Indicativo presente, Congiuntivo presente und Imperativo): **(io) tengo, (loro) tengano, (Lei) tenga**. Beachten Sie außerdem im Indicativo presente, dass vor dem Stammvokal bei der 2. und 3. Person Singular ein -i eingeschoben wird: **(tu) tieni, (lui) tiene**.
Der Wortstamm ist im Futuro semplice sowie im Condizionale semplice verkürzt, wobei sich das -r verdoppelt: **(tu) terrai, (lui) terrebbe** usw.

 Tipps & Tricks
Die gleichen Unregelmäßigkeiten wie bei **tenere** finden Sie auch bei dem Verb **venire** *kommen*. Am besten prägen Sie sich diese Formen zusammen ein.

2. Konjugation

(61) togliere *wegnehmen*   -gli → -lg vor -a und -o

Indicativo

Presente
- tolgo
- togli
- toglie
- togliamo
- togliete
- tolgono

Passato prossimo
- ho tolto
- hai tolto
- ha tolto
- abbiamo tolto
- avete tolto
- hanno tolto

Imperfetto
- toglievo
- toglievi
- toglieva
- toglievamo
- toglievate
- toglievano

Trapassato prossimo
- avevo tolto
- avevi tolto
- aveva tolto
- avevamo tolto
- avevate tolto
- avevano tolto

Passato remoto
- tolsi
- togliesti
- tolse
- togliemmo
- toglieste
- tolsero

Trapassato remoto
- ebbi tolto
- avesti tolto
- ebbe tolto
- avemmo tolto
- aveste tolto
- ebbero tolto

Futuro semplice
- toglierò
- toglierai
- toglierà
- toglieremo
- toglierete
- toglieranno

Futuro composto
- avrò tolto
- avrai tolto
- avrà tolto
- avremo tolto
- avrete tolto
- avranno tolto

Congiuntivo

Presente
- tolga
- tolga
- tolga
- togliamo
- togliate
- tolgano

Imperfetto
- togliessi
- togliessi
- togliesse
- togliessimo
- toglieste
- togliessero

Passato
- abbia tolto
- abbia tolto
- abbia tolto
- abbiamo tolto
- abbiate tolto
- abbiano tolto

Trapassato
- avessi tolto
- avessi tolto
- avesse tolto
- avessimo tolto
- aveste tolto
- avessero tolto

Condizionale

Semplice
- toglierei
- toglieresti
- toglierebbe
- toglieremmo
- todiliereste
- toglierebbero

Composto
- avrei tolto
- avresti tolto
- avrebbe tolto
- avremmo tolto
- avreste tolto
- avrebbero tolto

Imperativo
- (tu) togli
- (Lei) tolga
- (noi) togliamo
- (voi) togliete
- (loro) tolgano

Infinito passato
- avere tolto

Participio

Presente
- togliente

Passato
- tolto

Gerundio

Presente
- togliendo

Passato
- avendo tolto

togliere *wegnehmen*

 Anwendungsbeispiele
Puoi **togliere** la tovaglia? *Kannst du die Tischdecke **abnehmen**?*
Ne **tolgo** più della metà. *Ich **nehme** davon mehr als die Hälfte **weg**.*
Ciò non toglie che ci sia un rapporto. *Das **schließt nicht aus, dass** es einen Zusammenhang gibt.*
Si tolse la giacca e l'appese. *Er/Sie **zog sich** die Jacke **aus** und hängte sie auf.*

 Redewendungen
togliere un dente *einen Zahn ziehen*
togliere un divieto *ein Verbot aufheben*
togliere la parola *das Wort entziehen*
togliersi *weggehen, sich entfernen*
togliersi la vita *sich das Leben nehmen*

 Andere Verben
aggiungere *hinzufügen*
applicare *anbringen*
dare *geben*
inserire *einfügen/-stecken*
posare *hinstellen*

 Aufgepasst!
Bei dem Verb **togliere** wird das **-gli** des Verbstammes zu **-lg**, wenn die Endung mit **-a** oder **-o** beginnt: (io) to**lg**o, (Lei) to**lg**a usw.
Beginnt die Endung mit **-i**, entfällt ein **-i**: (tu) togl**i**, (noi) togl**i**amo usw.

Unregelmäßigkeiten gibt es zudem im Passato remoto (1. und 3. Person Singular sowie 3. Person Plural) und im Participio.

Achten Sie bei der Aussprache darauf, dass das **-g** des Verbstammes nur in den Formen mit **-lg** hörbar ist.

 Tipps & Tricks
Lernen Sie zusammen mit dem Verb **togliere** auch die Verben **cogliere** *pflücken* und **scegliere** *wählen*, da sie genauso konjugiert werden.

2. Konjugation

tradurre *übersetzen*

Infinitiv zusammengezogen aus lat. **traducere**

Indicativo

Presente
- traduco
- traduci
- traduce
- traduciamo
- traducete
- traducono

Passato prossimo
- ho tradotto
- hai tradotto
- ha tradotto
- abbiamo tradotto
- avete tradotto
- hanno tradotto

Imperfetto
- traducevo
- traducevi
- traduceva
- traducevamo
- traducevate
- traducevano

Trapassato prossimo
- avevo tradotto
- avevi tradotto
- aveva tradotto
- avevamo tradotto
- avevate tradotto
- avevano tradotto

Passato remoto
- tradussi
- traducesti
- tradusse
- traducemmo
- traduceste
- tradussero

Trapassato remoto
- ebbi tradotto
- avesti tradotto
- ebbe tradotto
- avemmo tradotto
- aveste tradotto
- ebbero tradotto

Futuro semplice
- tradurrò
- tradurrai
- tradurrà
- tradurremo
- tradurrete
- tradurranno

Futuro composto
- avrò tradotto
- avrai tradotto
- avrà tradotto
- avremo tradotto
- avrete tradotto
- avranno tradotto

Congiuntivo

Presente
- traduca
- traduca
- traduca
- traduciamo
- traduciate
- traducano

Imperfetto
- traducessi
- traducessi
- traducesse
- traducessimo
- traduceste
- traducessero

Passato
- abbia tradotto
- abbia tradotto
- abbia tradotto
- abbiamo tradotto
- abbiate tradotto
- abbiano tradotto

Trapassato
- avessi tradotto
- avessi tradotto
- avesse tradotto
- avessimo tradotto
- aveste tradotto
- avessero tradotto

Condizionale

Semplice
- tradurrei
- tradurresti
- tradurrebbe
- tradurremmo
- tradurreste
- tradurrebbero

Composto
- avrei tradotto
- avresti tradotto
- avrebbe tradotto
- avremmo tradotto
- avreste tradotto
- avrebbero tradotto

Imperativo
- (tu) traduci
- (Lei) traduca
- (noi) traduciamo
- (voi) traducete
- (loro) traduciano

Infinito passato
- avere tradotto

Participio

Presente
- traducente

Passato
- tradotto

Gerundio

Presente
- traducendo

Passato
- avendo tradotto

tradurre *übersetzen*

 Anwendungsbeispiele
Non riesce a **tradurre** i suoi sentimenti. *Ihm/Ihr gelingt es nicht, seine/ihre Gefühle **wiederzugeben**.*
L'interprete **traduce** simultaneamente il discorso del politico. *Der Dolmetscher **übersetzt** die Rede des Politikers simultan.*
Abbiamo tradotto il testo dall'italiano in tedesco. *Wir haben den Text vom Italienischen ins Deutsche **übersetzt**.*

 Redewendungen
tradurre a senso/alla lettera *sinngemäß/wörtlich übersetzen*
tradurre in parole povere *in einfache Worte kleiden*
tradurre in atto *in die Tat umsetzen*
tradurre in giudizio *vor Gericht bringen*

 Ähnliche Verben
addurre *anführen, vorbringen*
condurre *fahren, führen, begleiten*
dedurre *folgern, abziehen*
indurre *bewegen, verleiten*
introdurre *hineinstecken, einführen*
produrre *erzeugen, herstellen*
ridurre *verringern, reduzieren*
sedurre *verführen, verlocken*

 Aufgepasst!
Da das Verb **tradurre** von dem lateinischen Infinitiv **traducere** abstammt, gehört es zur 2. Konjugation. In den meisten Formen ist das **-c** dieser ursprünglichen Form erhalten geblieben: **(io) traduco, (lui) traduceva, (loro) traducessero** usw. (vgl. auch **dire** *sagen*). Im Futuro und im Condizionale semplice hingegen lautet der Verbstamm **durr-**.
Beachten Sie, dass der Stammvokal **-u** im Participio zu **-o** wird: **tradotto**.

 Tipps & Tricks
Prägen Sie sich neben **tradurre** auch den ursprünglichen Infinitiv **traducere** ein, sodass Sie die unregelmäßigen Formen leichter ableiten können.

2. Konjugation

63 trarre *ziehen*

Indicativo

Presente
- traggo
- trai
- trae
- traiamo
- traete
- traggono

Passato prossimo
- ho tratto
- hai tratto
- ha tratto
- abbiamo tratto
- avete tratto
- hanno tratto

Imperfetto
- traevo
- traevi
- traeva
- traevamo
- traevate
- traevano

Trapassato prossimo
- avevo tratto
- avevi tratto
- aveva tratto
- avevamo tratto
- avevate tratto
- avevano tratto

Passato remoto
- trassi
- traesti
- trasse
- traemmo
- traeste
- trassero

Trapassato remoto
- ebbi tratto
- avesti tratto
- ebbe tratto
- avemmo tratto
- aveste tratto
- ebbero tratto

Futuro semplice
- trarrò
- trarrai
- trarrà
- trarremo
- trarrete
- trarranno

Futuro composto
- avrò tratto
- avrai tratto
- avrà tratto
- avremo tratto
- avrete tratto
- avranno tratto

Congiuntivo

Presente
- tragga
- tragga
- tragga
- traiamo
- traiate
- traggano

Imperfetto
- traessi
- traessi
- traesse
- traessimo
- traeste
- traessero

Passato
- abbia tratto
- abbia tratto
- abbia tratto
- abbiamo tratto
- abbiate tratto
- abbiano tratto

Trapassato
- avessi tratto
- avessi tratto
- avesse tratto
- avessimo tratto
- aveste tratto
- avessero tratto

Condizionale

Semplice
- trarrei
- trarresti
- trarrebbe
- trarremmo
- trarreste
- trarrebbero

Composto
- avrei tratto
- avresti tratto
- avrebbe tratto
- avremmo tratto
- avreste tratto
- avrebbero tratto

Imperativo
- (tu) trai
- (Lei) tragga
- (noi) traiamo
- (voi) traete
- (loro) traggano

Infinito passato
avere tratto

Participio

Presente
- traente

Passato
- tratto

Gerundio

Presente
- traendo

Passato
- avendo tratto

trarre *ziehen*

 Anwendungsbeispiele
Chi **trae** vantaggi **da** questa situazione? *Wer zieht aus dieser Situation Vorteile?*
Molti cognomi **traggono origine da** nomi di animali. *Viele Nachnamen haben ihren Ursprung in Tiernamen.*
Ne **trarrò** le conseguenze. *Daraus werde ich Konsequenzen ziehen.*
Il racconto **è tratto dal** libro omonimo. *Die Erzählung ist dem gleichnamigen Buch entnommen.*

 Redewendungen
trarre in arresto *verhaften*
trarre in errore *in die Irre führen*
trarre in inganno *täuschen, hinters Licht führen*
trarre in salvo *in Sicherheit bringen*
trarre profitto da qc. *Profit aus etw. ziehen*
trarre l'ispirazione da qc. *sich durch etw. inspirieren lassen*

 Ähnliche Verben
astrarre *abstrahieren*
attrarre *anziehen*
contrarre *(ab)schließen*
detrarre *abziehen*
distrarre *ablenken*
estrarre *(her)ausziehen*
ritrarre *zurückziehen, abbilden*
sottrarre *subtrahieren*

 Aufgepasst!
Das unregelmäßige Verb **trarre** stammt von dem veralteten Infinitiv **traere** ab, was in einzelnen Formen, wie z. B. **(voi) trae**te, und im Imperfetto (Indicativo und Congiuntivo) noch erkennbar ist.

3. Konjugation

64 udire *hören*

Indicativo

Presente
- odo
- odi
- ode
- udiamo
- udite
- odono

Passato prossimo
- ho udito
- hai udito
- ha udito
- abbiamo udito
- avete udito
- hanno udito

Imperfetto
- udivo
- udivi
- udiva
- udivamo
- udivate
- udivano

Trapassato prossimo
- avevo udito
- avevi udito
- aveva udito
- avevamo udito
- avevate udito
- avevano udito

Passato remoto
- udii
- udisti
- udì
- udimmo
- udiste
- udirono

Trapassato remoto
- ebbi udito
- avesti udito
- ebbe udito
- avemmo udito
- aveste udito
- ebbero udito

Futuro semplice
- ud(i)rò
- ud(i)rai
- ud(i)rà
- ud(i)remo
- ud(i)rete
- ud(i)ranno

Futuro composto
- avrò udito
- avrai udito
- avrà udito
- avremo udito
- avrete udito
- avranno udito

Congiuntivo

Presente
- oda
- oda
- oda
- udiamo
- udiate
- odano

Imperfetto
- udissi
- udissi
- udisse
- udissimo
- udiste
- udissero

Passato
- abbia udito
- abbia udito
- abbia udito
- abbiamo udito
- abbiate udito
- abbiano udito

Trapassato
- avessi udito
- avessi udito
- avesse udito
- avessimo udito
- aveste udito
- avessero udito

Condizionale

Semplice
- ud(i)rei
- ud(i)resti
- ud(i)rebbe
- ud(i)remmo
- ud(i)reste
- ud(i)rebbero

Composto
- avrei udito
- avresti udito
- avrebbe udito
- avremmo udito
- avreste udito
- avrebbero udito

Imperativo
- (tu) odi
- (Lei) oda
- (noi) udiamo
- (voi) udite
- (loro) odano

Infinito passato
- avere udito

Participio

Presente
- udente

Passato
- udito

Gerundio

Presente
- udendo

Passato
- avendo udito

udire *hören*

 Anwendungsbeispiele
Non **odo** nulla. *Ich höre nichts.*
Già da lontano **si odono** i canti degli uccelli. *Schon von Weitem hört man den Vogelgesang.*
Udii una voce piena di rabbia. *Ich hörte eine wuterfüllte Stimme.*
Secondo quel che **abbiamo udito** si è trasferito in America. *Nach dem, was wir gehört haben, ist er nach Amerika gezogen.*
State zitti, mi pare di **aver udito** qualcosa! *Seid still, ich glaube etwas gehört zu haben!*

 Redewendungen
udire un rumore *ein Geräusch hören*
udire una novità *eine Neuigkeit hören/erfahren*
udire un consiglio *einen Rat befolgen*
udire i testimoni *die Zeugen vernehmen/anhören*

 Ähnliche Verben
intendere *verstehen, hören*
percepire *wahrnehmen*
sentire *hören, fühlen, schmecken, riechen*
ascoltare *(zu)hören*
origliare *lauschen*
esaudire *erhören*

 Aufgepasst!
Im Indicativo und Congiuntivo presente sowie im Imperativo wird in den stammbetonten Formen (alle Personen im Singular und 3. Person Plural) das **-u** des Verbstammes zu **-o**: (io) **o**do.

Im Futuro und Condizionale semplice kann der Verbstamm verkürzt sein: (io) u**dr**ò, (lui) u**dr**ebbe usw.

 Tipps & Tricks
Das Verb **udire** wird nur selten gebraucht. Stattdessen verwendet man **sentire** *hören*, das jedoch darüber hinaus auch die Bedeutung *fühlen*, *schmecken* oder *riechen* haben kann.

3. Konjugation

65 uscire *hinausgehen*

Indicativo

Presente
- esco
- esci
- esce
- usciamo
- uscite
- escono

Passato prossimo
- sono uscito
- sei uscito
- è uscito
- siamo usciti
- siete usciti
- sono usciti

Imperfetto
- uscivo
- uscivi
- usciva
- uscivamo
- uscivate
- uscivano

Trapassato prossimo
- ero uscito
- eri uscito
- era uscito
- eravamo usciti
- eravate usciti
- erano usciti

Passato remoto
- uscii
- uscisti
- uscì
- uscimmo
- usciste
- uscirono

Trapassato remoto
- fui uscito
- fosti uscito
- fu uscito
- fummo usciti
- foste usciti
- furono usciti

Futuro semplice
- uscirò
- uscirai
- uscirà
- usciremo
- uscirete
- usciranno

Futuro composto
- sarò uscito
- sarai uscito
- sarà uscito
- saremo usciti
- sarete usciti
- saranno usciti

Congiuntivo

Presente
- esca
- esca
- esca
- usciamo
- usciate
- escano

Imperfetto
- uscissi
- uscissi
- uscisse
- uscissimo
- usciste
- uscissero

Passato
- sia uscito
- sia uscito
- sia uscito
- siamo usciti
- siate usciti
- siano usciti

Trapassato
- fossi uscito
- fossi uscito
- fosse uscito
- fossimo usciti
- foste usciti
- fossero usciti

Condizionale

Semplice
- uscirei
- usciresti
- uscirebbe
- usciremmo
- uscireste
- uscirebbero

Composto
- sarei uscito
- saresti uscito
- sarebbe uscito
- saremmo usciti
- sareste usciti
- sarebbero usciti

Imperativo
- (tu) esci
- (Lei) esca
- (noi) usciamo
- (voi) uscite
- (loro) escano

Infinito passato
essere uscito

Participio

Presente
uscente

Passato
uscito

Gerundio

Presente
uscendo

Passato
essendo uscito

uscire *hinausgehen*

 Anwendungsbeispiele
Usciamo una sera! *Gehen wir doch mal abends aus!*
Di solito **esco di** casa alle sette. *Normalerweise gehe ich um sieben Uhr aus dem Haus.*
È **uscita per** la porta principale. *Sie ist durch den Haupteingang hinausgegangen.*
Fra un pò **uscirà** il nuovo libro di Camilleri. *Bald kommt das neue Buch von Camilleri heraus.*
Sta per **uscire** il suo nuovo CD. *Bald wird seine/ihre neue CD erscheinen.*

 Redewendungen
uscire con qu. *mit jdm. ausgehen*
uscire in *enden auf*
uscire a dire *herausplatzen*
uscire di mente *entfallen*
uscire di strada *vom Weg abkommen*
uscire dal lavoro *Feierabend haben*
uscirne bene/male *gut/schlecht davonkommen*

 Andere Verben
entrare *eintreten, hineingehen*
arrivare *ankommen*
salire *einsteigen*
andare dentro *hineingehen*
rincasare *nach Hause kommen*

 Aufgepasst!
Die Besonderheit bei dem Verb uscire besteht darin, dass sich in bestimmten Formen der Stammanlaut ändert: Ist nicht die Endung, sondern der Verbstamm betont, wird u- zu e-: (noi) **u**sciamo → (io) **e**sco. Das Gleiche gilt auch für das häufig gebrauchte Verb riuscire *gelingen*: (io) ri**e**sco usw.

 Tipps & Tricks
Das von uscire abgeleitete Substantiv uscita mit der Bedeutung *Ausgang* bzw. *Ausfahrt* finden Sie in Italien überall (z. B. auf der Autobahn).

2. Konjugation

66 valere *gelten, wert sein*

Indicativo

Presente	Passato prossimo
valgo	sono valso
vali	sei valso
vale	è valso
valiamo	siamo valsi
valete	siete valsi
valgono	sono valsi

Imperfetto	Trapassato prossimo
valevo	ero valso
valevi	eri valso
valeva	era valso
valevamo	eravamo valsi
valevate	eravate valsi
valevano	erano valsi

Passato remoto	Trapassato remoto
valsi	fui valso
valesti	fosti valso
valse	fu valso
valemmo	fummo valsi
valeste	foste valsi
valsero	furono valsi

Futuro semplice	Futuro composto
varrò	sarò valso
varrai	sarai valso
varrà	sarà valso
varremo	saremo valsi
varrete	sarete valsi
varranno	saranno valsi

Congiuntivo

Presente
valga
valga
valga
valiamo
valiate
valgano

Imperfetto
valessi
valessi
valesse
valessimo
valeste
valessero

Passato
sia valso
sia valso
sia valso
siamo valsi
siate valsi
siano valsi

Trapassato
fossi valso
fossi valso
fosse valso
fossimo valsi
foste valsi
fossero valsi

Condizionale

Semplice
varrei
varresti
varrebbe
varremmo
varreste
varrebbero

Composto
sarei valso
saresti valso
sarebbe valso
saremmo valsi
sareste valsi
sarebbero valsi

Imperativo

(tu)	vali
(Lei)	valga
(noi)	valiamo
(voi)	valete
(loro)	valgano

Infinito passato

essere valso

Participio

Presente	Passato
valente	valso

Gerundio

Presente	Passato
valendo	essendo valso

valere *gelten, wert sein*

 Anwendungsbeispiele

Questa macchina **vale** il suo prezzo. *Dieses Auto ist sein Geld wert.*
Vi farò vedere io quello che **valgo**! *Ich werde euch schon zeigen, wer ich bin!*
Mi dispiace, ma i biglietti non **valgono** più. *Es tut mir leid, aber die Karten sind nicht mehr gültig.*
Era un insegnante che **valeva**. *Er war ein fähiger Lehrer.*
I miei consigli **valsero** a poco. *Meine Ratschläge nutzten wenig.*
Secondo lui **varrebbe la pena** andarci. *Ihm zufolge soll es sich lohnen, dorthin zu fahren.*

 Redewendungen

valere molto/poco *viel/wenig wert sein*
non valere nulla *nichts wert sein*
valere la pena *sich lohnen, die Mühe wert sein*
far valere *geltend machen*
farsi valere *sich Geltung verschaffen*

 Ähnliche Verben

equivalere *entsprechen, gleichkommen*
invalere (meist nur 3. Pers. oder Partizip) *durchsetzen, sich verbreiten*
prevalere *überwiegen, vorherrschen*

 Gebrauch

Die zusammengesetzten Zeiten von **valere** werden in der Regel mit **essere** *sein* gebildet. Bei transitivem Gebrauch wird als Hilfsverb **avere** *haben* verwendet; **valere** wird dann im Deutschen häufig mit *einbringen* oder *eintragen* wiedergegeben:
Il suo ultimo film gli **ha valso** numerosi premi. *Sein letzter Film hat ihm zahlreiche Preise eingebracht.*

Selten wird anstelle des Participio passato **valso** die regelmäßig gebildete Form **valuto** gebraucht.

 Tipps & Tricks

Präsensformen mit eingeschobenem **-g** (val**g**o, val**g**ono, val**g**a) kennen Sie z. B. auch von den Verben salire *hochsteigen* (sal**g**o etc.) oder venire *kommen* (ven**g**o etc.).

2. Konjugation

vedere *sehen*

Indicativo

Presente
vedo
vedi
vede
vediamo
vedete
vedono

Passato prossimo
ho visto
hai visto
ha visto
abbiamo visto
avete visto
hanno visto

Imperfetto
vedevo
vedevi
vedeva
vedevamo
vedevate
vedevano

Trapassato prossimo
avevo visto
avevi visto
aveva visto
avevamo visto
avevate visto
avevano visto

Passato remoto
vidi
vedesti
vide
vedemmo
vedeste
videro

Trapassato remoto
ebbi visto
avesti visto
ebbe visto
avemmo visto
aveste visto
ebbero visto

Futuro semplice
vedrò
vedrai
vedrà
vedremo
vedrete
vedranno

Futuro composto
avrò visto
avrai visto
avrà visto
avremo visto
avrete visto
avranno visto

Congiuntivo

Presente
veda
veda
veda
vediamo
vediate
vedano

Imperfetto
vedessi
vedessi
vedesse
vedessimo
vedeste
vedessero

Passato
abbia visto
abbia visto
abbia visto
abbiamo visto
abbiate visto
abbiano visto

Trapassato
avessi visto
avessi visto
avesse visto
avessimo visto
aveste visto
avessero visto

Condizionale

Semplice
vedrei
vedresti
vedrebbe
vedremmo
vedreste
vedrebbero

Composto
avrei visto
avresti visto
avrebbe visto
avremmo visto
avreste visto
avrebbero visto

Imperativo
(tu) vedi
(Lei) veda
(noi) vediamo
(voi) vedete
(loro) vedano

Infinito passato
avere visto

Participio

Presente
vedente

Passato
visto/veduto

Gerundio

Presente
vedendo

Passato
avendo visto

vedere *sehen*

 Anwendungsbeispiele
Dobbiamo prima **vedere**! *Das müssen wir erst einmal **sehen**!*
Vi **faccio vedere** le mie foto. *Ich **zeige** euch meine Fotos.*
Ci **vediamo** stasera! *Wir **sehen** uns heute Abend!*
Hai visto Luca? *Hast du Luca **gesehen**?*
Dalla finestra **si vedeva** il mare. *Vom Fenster aus **sah man** das Meer.*
Vedrai che tutto andrà bene. *Du **wirst schon sehen**, dass alles gut klappt.*
Lo **vedrebbe** un cieco! *Das **sieht** doch ein Blinder!*

 Redewendungen
vedere un'esposizione/un film *eine Ausstellung/einen Film ansehen*
stare a vedere *zusehen*
farsi vedere *sich zeigen, sich blicken lassen*
vederci bene/male *gut/schlecht sehen*
vedi pagina 99 *siehe Seite 99*
non vedere l'ora *es nicht erwarten können*
avere a che vedere con qu. *mit jdm. zu tun haben*

 Ähnliche Verben
corgere *erblicken*
guardare *anschauen*
osservare *beobachten*
accorgersi *wahrnehmen*

intravedere *erblicken*
prevedere *vorhersehen*
rivedere *wiedersehen*
provvedere *(Futuro und Condizionale semplice regelmäßig) sich kümmern*

 Gebrauch
Vedere hat im Passato remoto drei unregelmäßige Formen. Im Futuro und Condizionale semplice ist der Verbstamm verkürzt.

Das regelmäßig gebildete Participio veduto wird seltener als die unregelmäßige Form visto gebraucht, besonders in der gesprochenen Sprache.

 Tipps & Tricks
Das unregelmäßige Participio visto können Sie sich gut merken, wenn Sie an das davon abgeleitete Substantiv la vista *die Aussicht* bzw. *der Blick* denken.

3. Konjugation

venire *kommen*

-n → -ng vor -a und -o

Indicativo

Presente
- vengo
- vieni
- viene
- veniamo
- venite
- vengono

Passato prossimo
- sono venuto
- sei venuto
- è venuto
- siamo venuti
- siete venuti
- sono venuti

Imperfetto
- venivo
- venivi
- veniva
- venivamo
- venivate
- venivano

Trapassato prossimo
- ero venuto
- eri venuto
- era venuto
- eravamo venuti
- eravate venuti
- erano venuti

Passato remoto
- venni
- venisti
- venne
- venimmo
- veniste
- vennero

Trapassato remoto
- fui venuto
- fosti venuto
- fu venuto
- fummo venuti
- foste venuti
- furono venuti

Futuro semplice
- verrò
- verrai
- verrà
- verremo
- verrete
- verranno

Futuro composto
- sarò venuto
- sarai venuto
- sarà venuto
- saremo venuti
- sarete venuti
- saranno venuti

Congiuntivo

Presente
- venga
- venga
- venga
- veniamo
- veniate
- vengano

Imperfetto
- venissi
- venissi
- venisse
- venissimo
- veniste
- venissero

Passato
- sia venuto
- sia venuto
- sia venuto
- siamo venuti
- siate venuti
- siano venuti

Trapassato
- fossi venuto
- fossi venuto
- fosse venuto
- fossimo venuti
- foste venuti
- fossero venuti

Condizionale

Semplice
- verrei
- verresti
- verrebbe
- verremmo
- verreste
- verrebbero

Composto
- sarei venuto
- saresti venuto
- sarebbe venuto
- saremmo venuti
- sareste venuti
- sarebbero venuti

Imperativo
- (tu) vieni
- (Lei) venga
- (noi) veniamo
- (voi) venite
- (loro) vengano

Infinito passato
- essere venuto

Participio

Presente
- venente

Passato
- venuto

Gerundio

Presente
- venendo

Passato
- essendo venuto

venire *kommen*

 Anwendungsbeispiele
Vengo a piedi. *Ich komme zu Fuß.*
Veniamo da Napoli. *Wir kommen aus Neapel.*
Perché **siete venuti**? *Warum seid ihr gekommen?*
Domattina **verremo** a trovarti. *Morgen Vormittag kommen wir dich besuchen.*
Non so perché **mi viene da ridere**. *Ich weiß nicht, warum ich lachen muss.*

 Redewendungen
venire avanti *vortreten*
venire fuori/su/giù *heraus-/herauf-/herunterkommen*
venire incontro a qu. *jdm. entgegenkommen*
venire bene/male *gelingen/misslingen*
venire a trovare qu. *jdn. besuchen*
venire al mondo *auf die Welt kommen*
venire a galla *auftauchen, an den Tag kommen*
venire in mente *einfallen, in den Sinn kommen*

 Andere Verben
andare via *weggehen*
partire *weggehen, abfahren*
allontanarsi *sich entfernen*
sparire *verschwinden*

 Aufgepasst!
Bei dem Verb **venire** wird das **-n** des Verbstammes zu **-ng**, wenn die Endung mit **-a** oder **-o** beginnt (Indicativo presente, Congiuntivo presente und Imperativo):
(io) vengo, (loro) vengano, (Lei) venga.
Beachten Sie außerdem im Indicativo presente, dass vor dem Stammvokal bei der 2. und 3. Person Singular ein **-i** eingeschoben wird: **(tu) vieni, (lui) viene.**
Der Wortstamm ist im Futuro und Condizionale semplice verkürzt, wobei sich das **-r** verdoppelt: **(tu) verrai, (lui) verrebbe** usw.

 Tipps & Tricks
Ein weiteres wichtiges Verb, das die gleichen Besonderheiten wie **venire** aufweist, ist **tenere** *halten*: **(io) tengo, (tu) tieni** usw. Lernen Sie diese Konjugationen zusammen!

2. Konjugation

 **vivere** *leben*

Indicativo

Presente
- vivo
- vivi
- vive
- viviamo
- vivete
- vivono

Passato prossimo
- ho vissuto
- hai vissuto
- ha vissuto
- abbiamo vissuto
- avete vissuto
- hanno vissuto

Imperfetto
- vivevo
- vivevi
- viveva
- vivevamo
- vivevate
- vivevano

Trapassato prossimo
- avevo vissuto
- avevi vissuto
- aveva vissuto
- avevamo vissuto
- avevate vissuto
- avevano vissuto

Passato remoto
- vissi
- vivesti
- visse
- vivemmo
- viveste
- vissero

Trapassato remoto
- ebbi vissuto
- avesti vissuto
- ebbe vissuto
- avemmo vissuto
- aveste vissuto
- ebbero vissuto

Futuro semplice
- vivrò
- vivrai
- vivrà
- vivremo
- vivrete
- vivranno

Futuro composto
- avrò vissuto
- avrai vissuto
- avrà vissuto
- avremo vissuto
- avrete vissuto
- avranno vissuto

Congiuntivo

Presente
- viva
- viva
- viva
- viviamo
- viviate
- vivano

Imperfetto
- vivessi
- vivessi
- vivesse
- vivessimo
- viveste
- vivessero

Passato
- abbia vissuto
- abbia vissuto
- abbia vissuto
- abbiamo vissuto
- abbiate vissuto
- abbiano vissuto

Trapassato
- avessi vissuto
- avessi vissuto
- avesse vissuto
- avessimo vissuto
- aveste vissuto
- avessero vissuto

Condizionale

Semplice
- vivrei
- vivresti
- vivrebbe
- vivremmo
- vivreste
- vivrebbero

Composto
- avrei vissuto
- avresti vissuto
- avrebbe vissuto
- avremmo vissuto
- avreste vissuto
- avrebbero vissuto

Imperativo
- (tu) vivi
- (Lei) viva
- (noi) viviamo
- (voi) vivete
- (loro) vivano

Infinito passato
- avere vissuto

Participio

Presente
- vivente

Passato
- vissuto

Gerundio

Presente
- vivendo

Passato
- avendo vissuto

vivere *leben*

 Anwendungsbeispiele
Ti piacerebbe **vivere** e lavorare **all'**estero? *Würdest du gerne im Ausland leben und arbeiten?*
Sono due anni che **vivono in** campagna. *Seit zwei Jahren leben sie auf dem Land.*
Vissero una vita felice. *Sie führten ein glückliches Leben.*
Vivrai fino a tarda età. *Du wirst ein hohes Alter erreichen.*
Mio padre crede che io **viva alla** giornata. *Mein Vater glaubt, dass ich in den Tag hineinlebe.*

 Sprichwörter
Chi vivrà, vedrà. *Abwarten und Tee trinken.*
Chi vive di sogni ha meno bisogni. *Wer von Träumen lebt, braucht wenig.*
Chi vive ostinato, finisce disperato. *Wer als Dickkopf lebt, endet als Hoffnungsloser.*
Chi muore giace e chi vive si dà pace. *Wer stirbt, der ruht, und wer lebt, der gebe sich zufrieden.*

 Ähnliche Verben
convivere *zusammenleben*
sopravvivere (+ essere) *überleben*

 Gebrauch
Die zusammengesetzten Zeiten von vivere werden sowohl mit dem Hilfsverb avere *haben* als auch mit essere *sein* gebildet:
Abbiamo vissuto/Siamo vissuti in Italia per un anno. *Wir haben (für) ein Jahr in Italien gelebt.*
Wird vivere transitiv gebraucht (mit direktem Objekt), wird ausschließlich avere verwendet; im Deutschen wird es dann mit *verleben/verbringen* oder *erleben* wiedergegeben:
Abbiamo vissuto un'avventura. *Wir haben ein Abenteuer erlebt.*

 Tipps & Tricks
Merken Sie sich auch weitere Mitglieder der Wortfamilie vivere, wie z. B. **la vita** *das Leben*, **i viveri** *die Lebensmittel*, **vivo** *lebendig*, **vivace** *lebhaft*.

2. Konjugation

70 volere *wollen*

Indicativo

Presente
- voglio
- vuoi
- vuole
- vogliamo
- volete
- vogliono

Passato prossimo
- ho voluto
- hai voluto
- ha voluto
- abbiamo voluto
- avete voluto
- hanno voluto

Imperfetto
- volevo
- volevi
- voleva
- volevamo
- volevate
- volevano

Trapassato prossimo
- avevo voluto
- avevi voluto
- aveva voluto
- avevamo voluto
- avevate voluto
- avevano voluto

Passato remoto
- volli
- volesti
- volle
- volemmo
- voleste
- vollero

Trapassato remoto
- ebbi voluto
- avesti voluto
- ebbe voluto
- avemmo voluto
- aveste voluto
- ebbero voluto

Futuro semplice
- vorrò
- vorrai
- vorrà
- vorremo
- vorrete
- vorranno

Futuro composto
- avrò voluto
- avrai voluto
- avrà voluto
- avremo voluto
- avrete voluto
- avranno voluto

Congiuntivo

Presente
- voglia
- voglia
- voglia
- vogliamo
- vogliate
- vogliano

Imperfetto
- volessi
- volessi
- volesse
- volessimo
- voleste
- volessero

Passato
- abbia voluto
- abbia voluto
- abbia voluto
- abbiamo voluto
- abbiate voluto
- abbiano voluto

Trapassato
- avessi voluto
- avessi voluto
- avesse voluto
- avessimo voluto
- aveste voluto
- avessero voluto

Condizionale

Semplice
- vorrei
- vorresti
- vorrebbe
- vorremmo
- vorreste
- vorrebbero

Composto
- avrei voluto
- avresti voluto
- avrebbe voluto
- avremmo voluto
- avreste voluto
- avrebbero voluto

Imperativo
- (tu) vogli
- (Lei) voglia
- (noi) vogliamo
- (voi) vogliate
- (loro) vogliano

Infinito passato
- avere voluto

Participio

Presente
- volente

Passato
- voluto

Gerundio

Presente
- volendo

Passato
- avendo voluto

volere *wollen*

 Anwendungsbeispiele
Vuoi un altro bicchiere di vino? *Willst du noch ein Glas Wein?*
Quanto **vuole** per questo? *Wie viel verlangen Sie dafür?*
Ci **vogliono** solo cinque minuti. *Es dauert nur fünf Minuten.*
Sua moglie non **voleva** stare qui. *Seine Frau wollte nicht hierbleiben.*
Vorrei due etti di prosciutto crudo. *Ich hätte gern 200 Gramm rohen Schinken.*

 Redewendungen
voler dire *bedeuten, heißen*
voler bene/male a qu. *jdn. gernhaben/nicht mögen*
farsi voler bene *sich lieb Kind machen*
volere qc. ad ogni costo *etw. unbedingt wollen*

 Ähnliche Verben
desiderare *wünschen, wollen*
intendere *beabsichtigen, vorhaben*
avere l'intenzione di fare qc. *beabsichtigen, etw. zu tun*
pretendere *verlangen*

 Aufgepasst!
Volere weist verschiedene Stammveränderungen auf, besonders bei den häufig gebrauchten Formen des Indicativo presente. Beachten Sie auch den verkürzten Verbstamm mit verdoppeltem -r im Futuro und Condizionale semplice: **(lui) vorrà**, **(noi) vorremmo**.

In der Regel werden die zusammengesetzten Zeiten von volere mit dem Hilfsverb avere *haben* gebildet. Das Hilfsverb essere *sein* wird nur dann verwendet, wenn volere vor einem Verb steht, das als Hilfsverb essere verlangt:
Ho voluto comprarlo. *Ich wollte es kaufen.*
Sono voluto partire. *Ich wollte wegfahren.*

 Tipps & Tricks
Das Verb volere zählt wie dovere *müssen*, sapere *wissen* und potere *können* zu den Modalverben. Da diese Verben sehr häufig gebraucht werden, sollten Sie die Konjugationen gut beherrschen.

Verben mit Präposition

Viele italienische Verben werden mit einer anderen Präposition als im Deutschen verwendet. Hier finden Sie eine Auswahl der häufigsten Abweichungen.

▶ accorgersi **di** qc. .... Mi sono appena accorto del mio errore.
    etw. bemerken   Ich habe meinen Fehler soeben bemerkt.

   accusare qu. **di** qc. .... L'ha accusato di averla tradita.
    jdn. einer Sache beschul-   Sie hat ihn beschuldigt, sie betrogen
    digen   zu haben.

   arrabbiarsi **con** qu. .... Non arrabbiarti con loro!
    sich über jdn. aufregen   Reg dich nicht über sie auf!

   arrabbiarsi **per** qc. .... Si è arrabbiato per il disordine.
    sich wegen etw. aufregen   Er hat sich wegen der Unordnung aufgeregt.

▶ basarsi **su** qc. .... L'indagine si basa su interviste telefoniche.
    sich auf etw. stützen   Die Untersuchung stützt sich auf Telefon-
                                                    interviews.

▶ cominciare **a** fare qc. .... Alle otto cominciamo a lavorare.
    anfangen, etw. zu tun   Um acht fangen wir an zu arbeiten.

   congratularsi **con** qu.   Si congratulano con lui per l'esame
   di/per qc. .... superato.
    jdm. zu etw. gratulieren   Sie gratulieren ihm zur bestandenen Prüfung.

   consigliare **a** qu. **di** fare qc. .. Il padre consiglia ai figli di discuterne.
    jdm. raten, etw. zu tun   Der Vater rät den Kindern, darüber zu diskutieren.

   continuare **a** fare qc. .... Guardò l'orologio e continuò a leggere.
    damit fortfahren, etw. zu tun   Er/Sie schaute auf die Uhr und las weiter.

   convincere qu. **di** qc. .... Ci hanno convinto del contrario.
    jdn. von etw. überzeugen   Sie haben uns vom Gegenteil überzeugt.

   credere **in** qc./qu. .... Credi nel destino?
    an jdn./etw. glauben   Glaubst du an das Schicksal?

   credere **di** avere fatto qc. ..... Credo di averlo svegliato.
    glauben, etw. getan zu haben Ich glaube, dass ich ihn geweckt habe.

▶ dimenticare **di** fare qc. .... Hai dimenticato di fare la spesa?
    vergessen, etw. zu tun   Hast du vergessen, einkaufen zu gehen?

Verben mit Präposition

distinguersi **da** qc./qu. ....
   sich von etw./jdm. unterscheiden
      In che cosa vi distinguete da tutti gli altri?
      Worin unterscheidet ihr euch von all den anderen?

domandare **di** qu. ....
   nach jdm. fragen
      Una signora anziana ha domandato di te.
      Eine ältere Frau hat nach dir gefragt.

domandare qc. **a** qu. ....
   jdn. nach etw. fragen
      Domandiamo l'ora alla cassiera.
      Wir fragen die Kassiererin nach der Uhrzeit.

▸ evitare **di** fare qc. ....
   vermeiden, etw. zu tun
      Voglio evitare di ingrassare troppo.
      Ich will vermeiden, zu stark zuzunehmen.

▸ fidarsi **di** qu. ....
   jdm. vertrauen
      Puoi fidarti di me.
      Du kannst mir vertrauen.

▸ giurare **di** fare qc. ....
   schwören, etw. zu tun
      Giuro di non lasciarti mai.
      Ich schwöre, dich niemals zu verlassen.

▸ immaginare **di** fare qc. ....
   sich vorstellen, etw. zu tun
      Puoi immaginare di vivere all'estero?
      Kannst du dir vorstellen, im Ausland zu leben?

imparare **a** fare qc. **da** qu. ....
   von jdm. lernen, etw. zu tun
      I bambini imparano a parlare dai genitori.
      Die Kinder lernen das Sprechen von den Eltern.

impedire **a** qu. **di** fare qc. ......
   jdn. daran hindern, etw. zu tun
      Il programma impedisce a terzi di copiare dati.
      Das Programm hindert Dritte daran, Daten zu kopieren.

innamorarsi **di** qu. ....
   sich in jdn. verlieben
      Romeo si innamorò di Giulia.
      Romeo verliebte sich in Julia.

insegnare qc. **a** qu. ....
   jdm. etw. beibringen
      La maestra insegna a scrivere agli alunni.
      Die Lehrerin bringt den Schülern das Schreiben bei.

interessarsi **di** qc./qu. ....
   sich für etw./jdn. interessieren
      Lucia s'interessa di calcio.
      Lucia interessiert sich für Fußball.

▸ lamentarsi **di** qc./qu. ....
   sich über etw./jdn. beschweren
      I vicini si sono lamentati di voi.
      Die Nachbarn haben sich über euch beschwert.

▸ meravigliarsi **di** qu./qc. ....
   sich über jdn./etw. wundern
      Ci meravigliamo del prezzo basso.
      Wir wundern uns über den niedrigen Preis.

meritare **di** fare qc. ....
   verdienen, etw. zu tun
      L'isola merita di essere visitata.
      Die Insel ist einen Besuch wert.

Verben mit Präposition

minacciare qu. **di** fare qc. ...... jdm. damit drohen, etw. zu tun	Il rapinatore li ha minacciato di sparare. Der Räuber drohte ihnen damit, zu schießen.
▶ occuparsi **di** qu./qc. .... sich um jdn./etw. kümmern	La nonna si occupa di lui. Die Großmutter kümmert sich um ihn.
▶ partecipare **a** qc. .... an etw. teilnehmen	Chi vuole partecipare all'escursione? Wer möchte an der Exkursion teilnehmen?
pensare **a** qc. .... an etw. denken	Sto pensando alle vacanze. Ich denke gerade an den Urlaub.
pensare **di** fare qc. .... vorhaben, etw. zu tun	Penso di imparare lo spagnolo. Ich habe vor, Spanisch zu lernen.
pentirsi **di** qc. .... etw. bereuen	Si è pentita di averti offeso. Sie hat es bereut, dass sie dich verletzt hat.
perdonare qc. **a** qu. .... jdm. etw. verzeihen	Non lo perdonerò mai a Carlotta. Das werde ich Carlotta nie verzeihen.
pregare qu. **di** fare qc. .... jdn. bitten, etw. zu tun	Ti prego di aprire la finestra. Ich bitte dich, das Fenster zu öffnen.
preoccuparsi **di/per** qu./qc. .. sich um jdn./etw. Sorgen machen	Si preoccupavano sempre di lui. Sie machten sich stets Sorgen um ihn.
preoccuparsi **di** fare qc. .... sich bemühen, etw. zu tun	Ci siamo preoccupati di aiutarlo. Wir haben uns bemüht, ihm zu helfen.
promettere **di** fare qc. .... versprechen, etw. zu tun	Hai promesso di andare a prenderli. Du hast versprochen, sie abzuholen.
provare **a** fare qc. .... versuchen, etw. zu tun	Prova a calmarli. Versuche, sie zu beruhigen!
▶ rassegnarsi **a** fare qc. .... sich damit abfinden, etw. zu tun	Si è rassegnato a vivere da solo. Er hat sich damit abgefunden, allein zu leben.
riconoscere qu./qc. **da** qc. ... jdn./etw. an etw. erkennen	Lo riconoscerai dal suo capello. Du wirst ihn an seinem Hut erkennen.
ricordare qc. **a** qu. .... jdn. an etw. erinnern	Ricordate alla nonna la medicina. Erinnert die Großmutter an die Medizin.

Verben mit Präposition

ricordarsi **di** qc.	Ti ricordi di Gianni?
sich an etw. erinnern	Erinnerst du dich an Gianni?
ridere **di** qu./qc.	Tutti ridevano dei suoi scherzi.
über jdn./etw. lachen	Alle lachten über seine/ihre Späße.
ringraziare qu. **di** qc.	Vi ringrazio del invito.
jdm. für etw. danken	Ich danke euch für die Einladung.
rischiare **di** fare qc.	Rischiate di perdere tutto.
riskieren, etw. zu tun	Ihr riskiert, alles zu verlieren.
▸ scusarsi **con** qu. **di/per** qc. ..	Maria si scusa con lei di non averla ascoltato.
sich bei jdm. für etw. entschuldigen	Maria entschuldigt sich bei ihr, dass sie ihr nicht zugehört hat.
servire **a** qc.	Il bottone serve a serrare la porta.
zu etw. dienen	Der Knopf dient zum Abschließen der Tür.
servire **da** qc.	Questa camera serve da ufficio.
als etw. dienen	Dieses Zimmer dient als Büro.
servirsi **di** qc.	Mi servo del cellulare per fare delle foto.
etw. benutzen	Ich benutze das Handy, um Fotos zu machen.
smettere **di** fare qc.	Smettete di litigare!
aufhören, etw. zu tun	Hört auf zu streiten!
sognare (**di**) qu./qc.	Sognavano di una casa al mare.
von jdm./etw. träumen	Sie träumten von einem Haus am Meer.
sperare **di** fare qc.	Spero di non essere bocciato.
hoffen, etw. zu tun	Ich hoffe, nicht durchgefallen zu sein.
▸ telefonare **a** qu.	Stasera telefonerò alla mia amica.
jdn. anrufen	Heute Abend werde ich meine Freundin anrufen.
▸ vergognarsi **di** qu./qc.	Ci vergogniamo di ciò che abbiamo fatto.
sich jds./einer Sache schämen	Wir schämen uns dessen, was wir getan haben.

Alphabetische Verbliste Italienisch – Deutsch

Hier haben wir für Sie die wichtigsten italienischen Verben mit ihren entsprechenden deutschen Übersetzungen alphabetisch aufgelistet. Die rechts angeführten Nummern stellen Konjugationsnummern dar. Auf den Seiten der einzelnen Konjugationstabellen finden Sie diese Nummern wieder. Jene Verben, die hier im Folgenden den jeweiligen Konjugationsnummern zugewiesen sind, werden nach genau diesem Muster konjugiert. Falls der Gebrauch des Hilfsverbs vom Konjugationsmuster abweicht, ist dies wie folgt gekennzeichnet: (+ a) für den Gebrauch von avere *haben*, (+ e) für den Gebrauch von essere *sein* oder (+ a/e), wenn das Verb mit beiden Hilfsverben verwendet werden kann. Alle reflexiven Verben werden mit essere *sein* konjugiert und erhalten keinen Hinweis auf das Hilfsverb. Manchen Verben sind auch zwei Konjugationsnummern zugeteilt. Die hervorgehobenen Verben sind als vollständige Konjugationstabellen, also als Muster, vorne im Buch abgedruckt.

A

Verb	Nr.
abbaiare *bellen*	53
abbracciare *umarmen*	33
abbreviare *verkürzen*	53
abbronzarsi *sich bräunen*	3
abitare *wohnen*	5
abituare *gewöhnen*	5
abolire *abschaffen*	29
accadere *geschehen*	13
accelerare *beschleunigen*	5
accendere *anzünden*	45
accentuare *betonen*	5
accettare *annehmen*	5
accogliere *aufnehmen*	61
accomodarsi *es sich bequem machen*	3
accompagnare *begleiten*	5
acconsentire *zustimmen*	7
accorgersi *bemerken*	42
accorrere *herbeieilen*	19
accusare *beschuldigen*	5
acquisire *erwerben*	29
acquistare *erwerben*	5
addormentarsi *einschlafen*	3
addurre *anführen*	62
affacciarsi *sich zeigen*	33
affascinare *bezaubern*	5
affittare *mieten*	5
affliggere *quälen*	32
affogare *ertränken*	14
aggiungere *hinzufügen*	42
aggiustare *reparieren*	5
aggredire *angreifen*	29
agire *handeln*	29
agitare *schütteln*	5
aiutare *helfen*	5
allargare *verbreitern*	14
allegare *beifügen*	14
alludere *anspielen*	22
allungare *verlängern*	14
alzarsi *aufstehen*	3
amare *lieben*	5
ammettere *zulassen*	34
ammirare *bewundern*	5
ammonire *ermahnen*	29
amplificare *erweitern*	14
andare *gehen*	8
angosciare *ängstigen*	33
annoiare *langweilen*	53
annunciare *bekannt geben*	33
anticipare *vorverlegen*	5
apparecchiare *vorbereiten*	53
apparire *erscheinen*	9
appartenere (+ a/e) *gehören*	60
appendere *aufhängen*	45
applaudire *applaudieren*	7 / 29
applicare *anbringen*	14
appoggiare *anlehnen*	33
apprendere *erlernen*	45
approfittare *ausnutzen*	5
approfondire *vertiefen*	29
aprire *öffnen*	10
ardere (+ a/e) *verbrennen*	56
ardire *wagen*	29
arrabbiarsi *wütend werden*	53
arrangiarsi *zurechtkommen*	33
arredare *einrichten*	5
arrestare *festnehmen*	5

Alphabetische Verbliste

arrivare (+ e) ankommen (5)
articolare artikulieren (5)
asciugare trocknen (14)
ascoltare hören (5)
aspettare warten (5)
assaggiare kosten (33)
assicurare versichern (5)
assistere teilnehmen,
   beistehen (11)
assolvere freisprechen (48)
assomigliare (+ a/e)
   ähneln (53)
assorbire aufsaugen (7)/(29)
assortire sortieren (29)
attaccare befestigen (14)
atteggiarsi sich ver-
   halten (33)
attendere erwarten (45)
atterrare (+ a/e) landen (5)
attirare anziehen (5)
attrarre anziehen (63)
attraversare überqueren (5)
augurare wünschen (5)
aumentare vermehren (5)
avere haben (2)
avvenire geschehen (68)
avvertire benachrich-
   tigen (7)
avviare hinführen (31)
avvicinarsi sich nähern (3)

B
baciare küssen (33)
ballare tanzen (5)
bastare (+ e) genügen (5)
benedire segnen (23)
bere trinken (12)
bruciare verbrennen (33)
bussare klopfen (5)

C
cacciare jagen (33)

cadere fallen (13)
calcolare berechnen (5)
calmare beruhigen (5)
cambiare (+ a/e)
   wechseln (53)
camminare wandern (5)
campeggiare campen (33)
cantare singen (5)
capire verstehen (29)
caricare beladen (14)
cascare (+ e) fallen (14)
causare verursachen (5)
cedere weichen (6)
celebrare feiern (5)
cenare zu Abend essen (5)
cercare suchen (14)
chiacchierare plaudern (5)
chiamare rufen (5)
chiarire klären (29)
chiedere fragen (15)
chiudere schließen (22)
cingere umschließen (42)
cogliere pflücken (61)
coincidere zusammen-
   fallen (22)
collaborare mitarbeiten (5)
collegare verbinden (14)
collocare setzen, stellen (14)
colpire treffen (29)
cominciare (+ a/e)
   anfangen (33)
commuovere rühren (36)
comparire erscheinen (9)
compatire bemitleiden (29)
compiacere (+ a)
   entgegenkommen (41)
compiere vollenden (16)
comporre verfassen (43)
comportarsi sich ver-
   halten (3)
comprare kaufen (5)

comprendere verstehen (45)
comprimere zusammen-
   drücken (27)
comunicare mitteilen (14)
concedere gewähren (17)
concentrarsi sich
   konzentrieren (3)
concludere abschließen (22)
condannare verurteilen (5)
condurre fahren, führen (62)
confermare bestätigen (5)
confondere verwechseln (30)
congratularsi gratulieren (3)
connettere verbinden (25)
conoscere kennen (18)
conseguire erreichen (7)
considerare berück-
   sichtigen (5)
consigliare raten (53)
consistere (+ e) bestehen
   (aus) (11)
consolare trösten (5)
constatare feststellen (5)
consumare verbrauchen (5)
contare zählen (5)
contenere enthalten (60)
continuare (+ a/e)
   fortfahren (5)
contraddire wider-
   sprechen (23)
contribuire beitragen (29)
convenire (+ a/e) zusam-
   menkommen (68)
convincere überzeugen (42)
coprire bedecken (10)
correggere korrigieren (32)
correre laufen, rennen (19)
corrispondere ent-
   sprechen (49)
corrompere korrumpieren (50)
costare (+ e) kosten (5)

Alphabetische Verbliste

costituire *gründen* (29)
costringere *zwingen* (59)
costruire *bauen* (29)
credere *glauben* (6)
crescere (+ a/e) *wachsen* (18)
criticare *kritisieren* (14)
cucinare *kochen* (5)
cuocere *kochen, garen* (20)

D

danneggiare *schädigen* (33)
dare *geben* (21)
decadere *verfallen* (13)
decidere *entscheiden* (22)
dedicare *widmen* (14)
dedurre *folgern* (62)
definire *beschreiben* (29)
deludere *enttäuschen* (22)
denunciare *anzeigen* (33)
deprimere *bedrücken* (27)
descrivere *beschreiben* (54)
desiderare *wünschen* (5)
determinare *festlegen* (5)
detrarre *abziehen* (63)
deviare *umleiten* (31)
dichiarare *erklären* (5)
difendere *verteidigen* (45)
diffondere *ausbreiten* (30)
digerire *verdauen* (29)
dimenticare *vergessen* (14)
dimettere *entlassen* (34)
diminuire *verringern* (29)
dimostrare *zeigen* (5)
dipendere (+ e) *abhängen* (45)
dipingere *malen* (42)
dire *sagen* (23)
dirigere *leiten* (24)
discorrere (+ a) *sich unterhalten* (19)
discutere *diskutieren* (25)
disdire *absagen* (23)
disegnare *zeichnen* (5)

disparire *verschwinden* (9)
disperare (+ e) *verzweifeln* (5)
dispiacere *missfallen* (41)
disporre *aufstellen* (43)
dissimulare *verheimlichen* (5)
dissolvere *auflösen* (48)
distaccare *trennen* (14)
distinguere *unterscheiden* (42)
distrarre *ablenken* (63)
distribuire *verteilen* (29)
distruggere *zerstören* (32)
disturbare *stören* (5)
divenire *werden* (68)
diventare (+ e) *werden* (5)
divertirsi *sich amüsieren* (7)
dividere *teilen* (45)
divorziare *sich scheiden lassen* (53)
domandare *fragen* (5)
dominare *beherrschen* (5)
dondolare *schaukeln* (5)
dormire *schlafen* (7)
dovere *müssen, sollen* (26)
dubitare *zweifeln* (5)
durare (+ e) *dauern* (5)

E

eccitare *erregen* (5)
edificare *erbauen* (14)
educare *erziehen* (14)
eleggere *wählen* (32)
eliminare *beseitigen* (5)
emergere *auftauchen* (56)
emigrare (+ a/e) *auswandern* (5)
entrare (+ e) *hineingehen* (5)
enumerare *aufzählen* (5)
erigere *errichten* (24)

esagerare *übertreiben* (5)
esaminare *prüfen* (5)
escludere *ausschließen* (22)
eseguire *ausführen* (7)/(29)
esibire *vorzeigen* (29)
esistere (+ e) *existieren* (11)
esitare *zögern* (5)
espandere *ausdehnen* (56)
esplodere (+ a/e) *explodieren* (22)
esporre *ausstellen* (43)
esprimere *ausdrücken* (27)
essere *sein* (1)
estendere *ausdehnen* (45)
estrarre *herausziehen* (63)
evitare *vermeiden* (5)

F

fallire *scheitern* (29)
fare *machen, tun* (28)
favorire *begünstigen* (29)
ferire *verletzen* (29)
fermare *anhalten* (5)
festeggiare *feiern* (33)
fidarsi *vertrauen* (3)
fingere *vortäuschen* (42)
finire *beenden* (29)
fiorire *blühen* (29)
firmare *unterschreiben* (5)
fischiare *pfeifen* (53)
fondare *gründen* (5)
fondere *schmelzen, gießen* (30)
formare *bilden* (5)
fornire *liefern* (29)
fotografare *fotografieren* (5)
frangere *brechen* (42)
friggere *braten* (32)
fuggire (+ a/e) *fliehen* (7)
fumare *rauchen* (5)
fungere *fungieren* (42)
funzionare *funktionieren* (5)

Alphabetische Verbliste

G

garantire *garantieren* (29)
gelare *gefrieren* (5)
giacere *liegen* (41)
giocare *spielen* (14)
girare *drehen* (5)
giudicare *beurteilen* (14)
giungere *ankommen* (42)
giurare *schwören* (5)
giustificare *rechtfertigen* (14)
gradire *gern mögen* (29)
gridare *schreien* (5)
guadagnare *verdienen* (5)
guardare *ansehen* (5)
guarire *heilen* (29)
guidare *führen* (5)

I

illuminare *beleuchten* (5)
imbarcare *einschiffen* (14)
imbucare *einwerfen* (14)
imitare *nachahmen* (5)
immaginare *sich vorstellen* (5)
immergere *eintauchen* (56)
imparare *lernen* (5)
impedire *behindern* (29)
impiegare *verwenden* (14)
imprimere *einprägen* (27)
incaricare *beauftragen* (14)
incidere *belasten* (22)
includere *einschließen* (22)
incominciare (+ a/e) *beginnen* (33)
incontrare *treffen* (5)
incoraggiare *ermutigen* (33)
indebolire *schwächen* (29)
indicare *zeigen auf* (14)
indovinare *erraten* (5)
influire *einwirken* (29)
informare *informieren* (5)
ingannare *betrügen* (5)

inginocchiarsi *sich niederknien* (53)
ingrandire *vergrößern* (29)
ingrassare *zunehmen* (5)
innamorarsi *sich verlieben* (3)
insegnare *unterrichten* (5)
inserire *einfügen* (29)
insistere *bestehen (auf)* (11)
insultare *beleidigen* (5)
intendere *verstehen* (45)
interdire *untersagen* (23)
interessarsi *sich interessieren* (3)
interrogare *befragen* (14)
interrompere *unterbrechen* (50)
intervenire *sich beteiligen* (68)
introdurre *einführen* (62)
invadere *überfallen* (22)
invecchiare (+ a/e) *altern* (53)
inventare *erfinden* (5)
investigare *erforschen* (14)
inviare *schicken* (31)
invitare *einladen* (5)

L

lamentarsi *sich beklagen* (3)
lanciare *werfen* (33)
lasciare *lassen* (33)
lavarsi *sich waschen* (3)
lavorare *arbeiten* (5)
ledere *verletzen* (22)
legare *binden* (14)
leggere *lesen* (32)
levare *hochheben* (5)
liberare *befreien* (5)
licenziare *entlassen* (53)
limitare *begrenzen* (5)
litigare *streiten* (14)
lottare *kämpfen* (5)

M

mancare *fehlen* (14)
mandare *schicken* (5)
mangiare *essen* (33)
mantenere *erhalten* (60)
mascherare *verkleiden* (5)
masticare *kauen* (14)
mendicare *betteln* (14)
mentire *lügen* (7)/(29)
meritare *verdienen* (5)
mescolare *vermischen* (5)
mettere *setzen, stellen, legen* (34)
minacciare *bedrohen* (33)
mischiare *mischen* (53)
misurare *messen* (5)
modificare *abändern* (14)
moltiplicare *vervielfachen* (14)
montare (+ a/e) *steigen* (5)
mordere *beißen* (56)
morire *sterben* (35)
mostrare *zeigen* (5)
muovere *bewegen* (36)

N

nascere *geboren werden* (37)
nascondere *verstecken* (49)
negare *verneinen* (14)
noleggiare *vermieten* (33)
nominare *nennen* (5)
numerare *nummerieren* (5)
nuotare *schwimmen* (5)
nutrire *ernähren* (7)/(29)

O

obbligare *verpflichten* (14)
occorrere (+ e) *erforderlich sein* (19)
occupare *besetzen* (5)
odiare *hassen* (53)
offendere *beleidigen* (45)

Alphabetische Verbliste

offrire *anbieten* (38)
opporre *entgegenhalten* (43)
opprimere *unterdrücken* (27)
ordinare *bestellen* (5)
organizzare *organisieren* (5)
osare *es wagen* (5)
ospitare *beherbergen* (5)
ottenere *erlangen* (60)

P

pagare *zahlen* (14)
paragonare *vergleichen* (5)
parcheggiare *parken* (33)
parere *scheinen* (39)
parlare *sprechen* (5)
partecipare *teilnehmen* (5)
partire (+ e) *weggehen* (7)
passare (+ a/e) *verbringen* (5)
passeggiare *spazieren* (33)
peccare *sündigen* (14)
peggiorare (+ a/e) *verschlechtern* (5)
pensare *denken* (5)
pentirsi *bereuen* (7)
percepire *wahrnehmen* (29)
percorrere (+ a) *durchqueren* (19)
perdere *verlieren* (40)
permanere *andauern* (47)
permettere *erlauben* (34)
perseguire *verfolgen* (7)
perseguitare *verfolgen* (5)
persistere *beharren* (11)
persuadere *überzeugen* (22)
pervenire *gelangen* (68)
pesare *wiegen* (5)
pescare *fischen* (14)
piacere *gefallen* (41)
piangere *weinen* (42)
picchiare *schlagen* (53)
piegare *biegen* (14)

popolare *bevölkern* (5)
porgere *reichen* (42)
porre *setzen, stellen* (43)
portare *tragen* (5)
possedere *besitzen* (55)
potere *können* (44)
pranzare *zu Mittag essen* (5)
predire *vorhersagen* (23)
preferire *vorziehen* (29)
pregare *beten, bitten* (14)
prendere *nehmen* (45)
prenotare *reservieren* (5)
preoccupare *beunruhigen* (5)
preparare *vorbereiten* (5)
prescrivere *verschreiben* (54)
presentare *vorstellen* (5)
prestare *ausleihen* (5)
pretendere *verlangen* (45)
prevalere *überwiegen* (66)
prevedere *voraussehen* (67)
prevenire (+ a) *zuvorkommen* (68)
produrre *erzeugen* (62)
progredire (+ a/e) *schreiten* (29)
proibire *verbieten* (29)
prolungare *verlängern* (14)
promettere *versprechen* (34)
promuovere *fördern* (36)
pronunciare *aussprechen* (33)
proporre *vorschlagen* (43)
proseguire *fortsetzen* (7)
proteggere *schützen* (32)
provare *probieren* (5)
provenire *herkommen* (68)
provocare *hervorrufen* (14)
pubblicare *veröffentlichen* (14)
pulire *putzen* (29)
pungere *stechen* (42)

punire *bestrafen* (29)
puzzare *stinken* (5)

R

raccogliere *sammeln* (61)
raccomandare *empfehlen* (5)
raccontare *erzählen* (5)
raggiungere *erreichen* (42)
ragionare *nachdenken* (5)
rallentare *verlangsamen* (5)
rapire *entführen* (29)
rappresentare *darstellen* (5)
rassomigliarsi *sich ähneln* (53)
reagire *reagieren* (29)
realizzare *verwirklichen* (5)
refrigerare *kühlen* (5)
reggere *halten, stützen* (32)
regolare *regeln* (5)
rendere *zurückgeben* (45)
resistere *Widerstand leisten* (11)
respirare *atmen* (5)
restare (+ e) *bleiben* (5)
restituire *zurückgeben* (29)
ricercare *erforschen* (14)
richiedere *wiederverlangen* (15)
riconoscere *wiedererkennen* (18)
ricordarsi *sich erinnern* (3)
ricoverare *einliefern* (5)
ridare *wiedergeben* (21)
ridere *lachen* (22)
ridurre *verringern* (62)
riempire *auffüllen* (46)
riferire *berichten* (29)
rifiutare *ablehnen* (5)
riflettere *reflektieren* (25)
rilassarsi *sich entspannen* (3)
rimanere *bleiben* (47)
rinchiudere *verschließen* (22)

Alphabetische Verbliste

ringraziare *danken* (53)
rinunciare *verzichten* (33)
rinviare *verschieben* (31)
ripetere *wiederholen* (6)
riposare *ausruhen* (5)
rischiare *riskieren* (53)
risolvere *lösen, zerstreuen* (48)
risparmiare *sparen* (53)
rispondere *antworten* (49)
ristabilire *wiederherstellen* (29)
ritenere *halten für* (60)
ritornare (+ e) *zurückkommen* (5)
riunire *wiedervereinen* (29)
riuscire *es schaffen* (65)
rivedere *wiedersehen* (67)
rompere *(zer)brechen* (50)
rovinare *ruinieren* (5)
rubare *stehlen* (5)

S

salire *(hoch)steigen* (51)
saltare (+ a/e) *springen* (5)
salvare *retten* (5)
sapere *wissen, können* (52)
sbagliare *einen Fehler machen* (53)
sbrigarsi *sich beeilen* (14)
sbucciare *schälen* (33)
scadere *verfallen* (13)
scaldare *wärmen* (5)
scambiare *verwechseln* (53)
scaricare *entladen* (14)
scegliere *aussuchen* (61)
scendere (+ a/e) *hinabsteigen* (45)
scherzare *spaßen* (5)
schiacciare *zerdrücken* (33)
schiarire *aufhellen* (29)
sciare *Ski laufen* (31)

sciogliere *auflösen* (61)
scioperare *streiken* (5)
scivolare (+ a/e) *rutschen* (5)
scommettere *wetten* (34)
scomparire (+ a/e) *verschwinden* (9)
sconvolgere *erschüttern* (42)
scoprire *aufdecken* (10)
scoraggiare *entmutigen* (33)
scorciare *abkürzen* (33)
scorgere *erblicken* (42)
scorrere (+ e) *fließen* (19)
scrivere *schreiben* (54)
scuotere *schütteln* (36)
scusare *entschuldigen* (5)
sdraiare *hinlegen* (53)
sedere *sitzen* (55)
sedurre *verführen* (62)
seguire (+ a/e) *folgen* (7)
sembrare (+ e) *scheinen* (5)
sentire *fühlen, hören* (7)
separare *trennen* (5)
servire (+ a/e) *dienen* (7)
sfruttare *ausbeuten* (5)
sfuggire (+ a/e) *entkommen* (29)
significare *bedeuten* (14)
smarrire *verlegen* (29)
smettere *ablegen* (34)
soddisfare *zufriedenstellen* (28)
soffiare *blasen* (53)
soffocare (+ a/e) *ersticken* (14)
soffrire *leiden* (38)
sognare *träumen* (5)
somigliare *gleichen* (53)
sommergere *überfluten* (56)
sopportare *ertragen* (5)
sopprimere *abschaffen* (27)
sopravvivere (+ e) *überleben* (69)

sorgere (+ e) *aufgehen* (42)
sorpassare *überholen* (5)
sorprendere *überraschen* (45)
sorridere *lächeln* (22)
sorvegliare *überwachen* (53)
sostenere *stützen* (60)
sostituire *ersetzen* (29)
spargere *(aus)streuen, verbreiten* (56)
sparire (+ e) *verschwinden* (29)
spaventare *erschrecken* (5)
spedire *senden* (29)
spegnere *löschen, ausschalten* (57)
spendere *ausgeben* (45)
sperare *hoffen* (5)
spiacere *nicht gefallen* (41)
spiare *ausspionieren* (31)
spiegare *erklären* (14)
spingere *schieben* (42)
spogliare *ausziehen* (53)
sporcare *beschmutzen* (14)
sporgere (+ e) *vorstrecken* (42)
sposare *heiraten* (5)
sprecare *verschwenden* (14)
stabilire *festsetzen* (29)
staccare *loslösen* (14)
stampare *drucken* (5)
stancare *ermüden* (14)
stare *bleiben, stehen* (58)
starnutire *niesen* (29)
stendere *ausstrecken* (45)
stirare *bügeln* (5)
stringere *drücken* (59)
studiare *lernen* (53)
stupire *erstaunen* (29)
subire *erleiden* (29)
succedere (+ e) *passieren* (17)
sudare *schwitzen* (5)

Alphabetische Verbliste

suggerire *empfehlen* (29)
suonare (+ a/e) *spielen* (5)
superare *übertreffen* (5)
supporre *vermuten* (43)
svegliare *wecken* (53)
sviare *ablenken* (31)
sviluppare *entwickeln* (5)
svolgere *abwickeln* (42)
svuotare *entleeren* (5)

T
tacere (+ a) *schweigen* (41)
tagliare *schneiden* (53)
telefonare *telefonieren* (5)
tendere *spannen* (45)
tenere *halten* (60)
tentare *versuchen* (5)
terminare *beenden* (5)
testimoniare *bezeugen* (53)
tirare *ziehen* (5)
toccare *berühren* (14)
togliere *wegnehmen* (61)
torcere *verdrehen* (42)
tornare (+ e) *zurückkehren* (5)

tossire *husten* (29)
tradire *verraten* (29)
tradurre *übersetzen* (62)
trarre *ziehen* (63)
trascorrere *verbringen* (19)
trascurare *vernachlässigen* (5)
trasferire *versetzen* (29)
traslocare *umziehen* (14)
trasmettere *übertragen* (34)
trasparire *durchscheinen* (9)
trattare *behandeln* (5)
trattenere *zurückhalten* (60)
tremare *zittern* (5)
trovare *finden* (5)
truccare *schminken* (14)

U
ubbidire *gehorchen* (29)
uccidere *töten* (22)
udire *hören* (64)
umiliare *demütigen* (53)
unire *vereinigen* (29)
usare *benutzen* (5)

uscire *hinausgehen* (65)
usufruire *nutznießen* (29)

V
valere *wert sein* (66)
variare (+ a/e) *verändern* (53)
vedere *sehen* (67)
vendere *verkaufen* (6)
vendicare *rächen* (14)
venire *kommen* (68)
vergognarsi *sich schämen* (3)
verificare *prüfen* (14)
vestirsi *sich anziehen* (7)
viaggiare *reisen* (33)
vincere *gewinnen* (42)
visitare *besuchen* (5)
vivere *leben* (69)
viziare *verwöhnen* (53)
volare (+ a/e) *fliegen* (5)
volere *wollen* (70)
volgere *wenden* (42)
vomitare *erbrechen* (5)
votare *abstimmen* (5)
vuotare *leeren* (5)

Alphabetische Verbliste Deutsch – Italienisch

Hier haben wir für Sie die wichtigsten deutschen Verben mit den entsprechenden italienischen Übersetzungen alphabetisch aufgelistet. Auch hier finden Sie rechts die Konjugationsnummer, also das Muster, nach dem das entsprechende italienische Verb konjugiert wird. Die italienischen Entsprechungen der hervorgehobenen deutschen Verben sind als vollständige Konjugationstabellen vorne im Buch abgedruckt.

A
abändern *modificare* (14)
zu Abend essen *cenare* (5)
abhängen *dipendere* (+ e) (45)
abkürzen *scorciare* (33)
ablegen *smettere* (34)

ablehnen *rifiutare* (5)
ablenken *distrarre* (63)
ablenken *sviare* (31)
absagen *disdire* (23)
abschaffen *abolire* (29)
abschaffen *sopprimere* (27)

abschließen *concludere* (22)
abstimmen *votare* (5)
abwickeln *svolgere* (42)
abziehen *detrarre* (63)
ähneln *assomigliare* (+ a/e) (53)

Alphabetische Verbliste

sich ähneln rassomigliarsi (53)
altern invecchiare (+ a/e) (53)
sich amüsieren divertirsi (7)
anbieten offrire (38)
anbringen applicare (14)
andauern permanere (47)
anfangen cominciare
   (+ a/e) (33)
anführen addurre (62)
angreifen aggredire (29)
ängstigen angosciare (33)
anhalten fermare (5)
ankommen giungere (42)
ankommen arrivare (+ e) (5)
anlehnen appoggiare (33)
annehmen accettare (5)
ansehen guardare (5)
anspielen alludere (22)
antworten rispondere (49)
anzeigen denunciare (33)
anziehen attirare (5)
anziehen attrarre (63)
sich anziehen vestirsi (7)
anzünden accendere (45)
applaudieren
   applaudire (7)/(29)
arbeiten lavorare (5)
artikulieren articolare (5)
atmen respirare (5)
aufdecken scoprire (10)
auffüllen riempire (46)
aufgehen sorgere (+ e) (42)
aufhängen appendere (45)
aufhellen schiarire (29)
auflösen dissolvere (48)
auflösen sciogliere (61)
aufnehmen accogliere (61)
aufsaugen assorbire (7)/(29)
aufstehen alzarsi (3)
aufstellen disporre (43)
auftauchen emergere (56)

aufzählen enumerare (5)
ausbeuten sfruttare (5)
ausbreiten diffondere (30)
ausdehnen espandere (56)
ausdehnen estendere (45)
ausdrücken esprimere (27)
ausführen eseguire (7)/(29)
ausgeben spendere (45)
ausleihen prestare (5)
ausnutzen approffitare (5)
ausruhen riposare (5)
ausschließen escludere (22)
ausspionieren spiare (31)
aussprechen pronunciare (33)
ausstellen esporre (43)
ausstrecken stendere (45)
(aus)streuen, verbreiten
   spargere (56)
aussuchen scegliere (61)
auswandern emigrare
   (+ a/e) (5)
ausziehen spogliare (53)

B

bauen costruire (29)
beauftragen incaricare (14)
bedecken coprire (10)
bedeuten significare (14)
bedrohen minacciare (33)
bedrücken deprimere (27)
sich beeilen sbrigarsi (14)
beenden finire (29)
beenden terminare (5)
befestigen attaccare (14)
befragen interrogare (14)
befreien liberare (5)
beginnen incominciare
   (+ a/e) (33)
begleiten accompagnare (5)
begrenzen limitare (5)
begünstigen favorire (29)
behandeln trattare (5)

beharren persistere (11)
beherbergen ospitare (5)
beherrschen dominare (5)
behindern impedire (29)
beifügen allegare (14)
beißen mordere (56)
beitragen contribuire (29)
bekannt geben
   annunciare (33)
sich beklagen lamentarsi (3)
beladen caricare (14)
belasten incidere (22)
beleidigen insultare (5)
beleidigen offendere (45)
beleuchten illuminare (5)
bellen abbaiare (53)
bemerken accorgersi (42)
bemitleiden compatire (29)
benachrichtigen avvertire (7)
benutzen usare (5)
es sich bequem machen
   accomodarsi (3)
berechnen calcolare (5)
bereuen pentirsi (7)
berichten riferire (29)
berücksichtigen con-
   siderare (5)
beruhigen calmare (5)
berühren toccare (14)
beschleunigen accelerare (5)
beschmutzen sporcare (14)
beschreiben definire (29)
beschreiben descrivere (54)
beschuldigen accusare (5)
beseitigen eliminare (5)
besetzen occupare (5)
besitzen possedere (55)
bestätigen confermare (5)
bestehen (auf) insistere (11)
bestehen (aus) con-
   sistere (+ e) (11)

187

Alphabetische Verbliste

bestellen ordinare (5)	durchqueren percorrere (+ a) (19)	erblicken scorgere (42)
bestrafen punire (29)	durchscheinen trasparire (9)	erbrechen vomitare (5)
besuchen visitare (5)		erfinden inventare (5)
sich beteiligen intervenire (68)	**E**	erforderlich sein occorrere (+ e) (19)
beten, bitten pregare (14)	einen Fehler machen sbagliare (53)	erforschen investigare (14)
betonen accentuare (5)	einfügen inserire (29)	erforschen ricercare (14)
betrügen ingannare (5)	einführen introdurre (62)	erhalten mantenere (60)
betteln mendicare (14)	einladen invitare (5)	sich erinnern ricordarsi (3)
beunruhigen preoccupare (5)	einliefern ricoverare (5)	erklären dichiarare (5)
beurteilen giudicare (14)	einprägen imprimere (27)	erklären spiegare (14)
bevölkern popolare (5)	einrichten arredare (5)	erlangen ottenere (60)
bewegen muovere (36)	einschiffen imbarcare (14)	erlauben permettere (34)
bewundern ammirare (5)	einschlafen addormentarsi (3)	erleiden subire (29)
bezaubern affascinare (5)	einschließen includere (22)	erlernen apprendere (45)
bezeugen testimoniare (53)	eintauchen immergere (56)	ermahnen ammonire (29)
biegen piegare (14)	einwerfen imbucare (14)	ermüden stancare (14)
bilden formare (5)	einwirken influire (29)	ermutigen incoraggiare (33)
binden legare (14)	empfehlen suggerire (29)	ernähren nutrire (7)/(29)
blasen soffiare (53)	empfehlen raccomandare (5)	erraten indovinare (5)
bleiben restare (+ e) (5)	entführen rapire (29)	erregen eccitare (5)
bleiben rimanere (47)	entgegenhalten opporre (43)	erreichen conseguire (7)
bleiben, stehen stare (58)	entgegenkommen compiacere (+ a) (41)	erreichen raggiungere (42)
blühen fiorire (29)	enthalten contenere (60)	errichten erigere (24)
braten friggere (32)	entkommen sfuggire (+ a/e) (29)	**erscheinen** apparire (9)
sich bräunen abbronzarsi (3)	entladen scaricare (14)	erschrecken spaventare (5)
brechen frangere (42)	entlassen licenziare (53)	erschüttern sconvolgere (42)
bügeln stirare (5)	entlassen dimettere (34)	ersetzen sostituire (29)
	entleeren svuotare (5)	erstaunen stupire (29)
G	entmutigen scoraggiare (33)	ersticken soffocare (+ a/e) (14)
campen campeggiare (33)	**entscheiden** decidere (22)	ertragen sopportare (5)
	entschuldigen scusare (5)	ertränken affogare (14)
D	sich entspannen rilassarsi (3)	erwarten attendere (45)
danken ringraziare (53)	entsprechen corrispondere (49)	erweitern amplificare (14)
darstellen rappresentare (5)	enttäuschen deludere (22)	erwerben acquisire (29)
dauern durare (+ e) (5)	entwickeln sviluppare (5)	erwerben acquistare (5)
demütigen umiliare (53)	erbauen edificare (14)	erzählen raccontare (5)
denken pensare (5)		erzeugen produrre (62)
dienen servire (+ a/e) (7)		erziehen educare (14)
diskutieren discutere (25)		**essen** mangiare (33)
drehen girare (5)		existieren esistere (+ e) (11)
drucken stampare (5)		
drücken stringere (59)		

188

Alphabetische Verbliste

explodieren esplodere
  (+ a/e) ㉒

F
fahren, führen condurre ㊷
fallen cascare (+ e) ⑭
fallen cadere ⑬
fehlen mancare ⑭
feiern celebrare ⑤
feiern festeggiare ㉝
festlegen determinare ⑤
festnehmen arrestare ⑤
festsetzen stabilire ㉙
feststellen constatare ⑤
finden trovare ⑤
fischen pescare ⑭
fliegen volare (+ a/e) ⑤
fliehen fuggire (+ a/e) ⑦
fließen scorrere (+ e) ⑲
folgen seguire (+ a/e) ⑦
folgern dedurre ㊷
fördern promuovere ㊱
fortfahren continuare
  (+ a/e) ⑤
fortschreiten progredire
  (+ a/e) ㉙
fortsetzen proseguire ⑦
fotografieren fotografare ⑤
fragen domandare ⑤
fragen chiedere ⑮
freisprechen assolvere ㊽
fühlen, hören sentire ⑦
führen guidare ⑤
fungieren fungere ㊷
funktionieren funzionare ⑤

G
garantieren garantire ㉙
geben dare ㉑
geboren werden nascere ㊲
gefallen piacere ㊶
gefrieren gelare ⑤

gehen andare ⑧
gehorchen ubbidire ㉙
gehören appartenere
  (+ a/e) ⑳
gelangen pervenire ㊿
genügen bastare (+ e) ⑤
gern mögen gradire ㉙
geschehen accadere ⑬
geschehen avvenire ⑱
gewähren concedere ⑰
gewinnen vincere ㊷
gewöhnen abituare ⑤
glauben credere ⑥
gleichen somigliare ㊼
gratulieren congratularsi ③
gründen fondare ⑤
gründen costituire ㉙

H
haben avere ②
halten tenere ⑳
halten für ritenere ⑳
halten, stützen reggere ㉜
handeln agire ㉙
hassen odiare ㊼
heilen guarire ㉙
heiraten sposare ⑤
helfen aiutare ⑤
herausziehen estrarre ㊿
herbeieilen accorrere ⑲
herkommen provenire ㊻
hervorrufen provocare ⑭
hinabsteigen scendere
  (+ a/e) ㊺
hinausgehen uscire ㊾
hineingehen
  entrare (+ e) ⑤
hinführen avviare ㉛
hinlegen sdraiare ㊼
hinzufügen aggiungere ㊷
hochheben levare ⑤
(hoch)steigen salire ㊶

hoffen sperare ⑤
hören ascoltare ⑤
hören udire ㉔
husten tossire ㉙

I
informieren informare ⑤
sich interessieren
  interessarsi ③

J
jagen cacciare ㉝

K
kämpfen lottare ⑤
kauen masticare ⑭
kaufen comprare ⑤
kennen conoscere ⑱
klären chiarire ㉙
klopfen bussare ⑤
kochen cucinare ⑤
kochen, garen cuocere ⑳
kommen venire ㊻
können potere ㊹
sich konzentrieren
  concentrarsi ③
korrigieren correggere ㉜
korrumpieren corrompere ㊿
kosten assaggiare ㉝
kosten costare (+ e) ⑤
kritisieren criticare ⑭
kühlen refrigerare ⑤
küssen baciare ㉝

L
lächeln sorridere ㉒
lachen ridere ㉒
landen atterrare (+ a/e) ⑤
langweilen annoiare ㊼
lassen lasciare ㉝
laufen, rennen correre ⑲
leben vivere ㊽
leeren vuotare ⑤

Alphabetische Verbliste

leiden soffrire (38)
leiten dirigere (24)
lernen imparare (5)
lernen studiare (53)
lesen leggere (32)
lieben amare (5)
liefern fornire (29)
liegen giacere (41)
löschen, ausschalten
  spegnere (57)
lösen, zerstreuen
  risolvere (48)
loslösen staccare (14)
lügen mentire (7)/(29)

Ⓜ
machen, tun fare (28)
malen dipingere (42)
messen misurare (5)
mieten affittare (5)
mischen mischiare (53)
missfallen dispiacere (41)
mitarbeiten collaborare (5)
zu Mittag essen pranzare (5)
mitteilen comunicare (14)
müssen, sollen dovere (26)

Ⓝ
nachahmen imitare (5)
nachdenken ragionare (5)
sich nähern avvicinarsi (3)
nehmen prendere (45)
nennen nominare (5)
nicht gefallen spiacere (41)
sich niederknien
  inginocchiarsi (53)
niesen starnutire (29)
nummerieren numerare (5)
nutznießen usufruire (29)

Ⓞ
öffnen aprire (10)
organisieren organizzare (5)

Ⓟ
parken parcheggiare (33)
passieren succedere (+ e) (17)
pfeifen fischiare (53)
pflücken cogliere (61)
plaudern chiacchierare (5)
probieren provare (5)
prüfen esaminare (5)
prüfen verificare (14)
putzen pulire (29)

Ⓠ
quälen affliggere (32)

Ⓡ
rächen vendicare (14)
raten consigliare (53)
rauchen fumare (5)
reagieren reagire (29)
rechtfertigen giustificare (14)
reflektieren riflettere (25)
regeln regolare (5)
reichen porgere (42)
reisen viaggiare (33)
reparieren aggiustare (5)
reservieren prenotare (5)
retten salvare (5)
riskieren rischiare (53)
rufen chiamare (5)
rühren commuovere (36)
ruinieren rovinare (5)
rutschen scivolare (+ a/e) (5)

Ⓢ
sagen dire (23)
sammeln raccogliere (61)
schädigen danneggiare (33)
es schaffen riuscire (65)
schälen sbucciare (33)
sich schämen vergognarsi (3)
schaukeln dondolare (5)
sich scheiden lassen
  divorziare (53)

scheinen parere (39)
scheinen sembrare (+ e) (5)
scheitern fallire (29)
schicken inviare (31)
schicken mandare (5)
schieben spingere (42)
schlafen dormire (7)
schlagen picchiare (53)
schließen chiudere (22)
schmelzen, gießen
  fondere (30)
schminken truccare (14)
schneiden tagliare (53)
schreiben scrivere (54)
schreien gridare (5)
schütteln agitare (5)
schütteln scuotere (36)
schützen proteggere (32)
schwächen indebolire (29)
schweigen tacere (+ a) (41)
schwimmen nuotare (5)
schwitzen sudare (5)
schwören giurare (5)
segnen benedire (23)
sehen vedere (67)
sein essere (1)
senden spedire (29)
setzen, stellen collocare (14)
setzen, stellen porre (43)
singen cantare (5)
sitzen sedere (55)
Ski laufen sciare (31)
sortieren assortire (29)
spannen tendere (45)
sparen risparmiare (53)
spaßen scherzare (5)
spazieren passeggiare (33)
spielen giocare (14)
spielen suonare (+ a/e) (5)
sprechen parlare (5)
springen saltare (+ a/e) (5)

Alphabetische Verbliste

stechen pungere (42)	übertreffen superare (5)	vergessen dimenticare (14)
stehlen rubare (5)	übertreiben esagerare (5)	vergleichen paragonare (5)
steigen montare (+ a/e) (5)	überwachen sorvegliare (53)	vergrößern ingrandire (29)
setzen, stellen, legen	überwiegen prevalere (66)	sich verhalten atteggiarsi (33)
mettere (34)	überzeugen convincere (42)	sich verhalten com-
sterben morire (35)	überzeugen persuadere (22)	portarsi (3)
stinken puzzare (5)	umarmen abbracciare (33)	verheimlichen dissimulare (5)
stören disturbare (5)	umleiten deviare (31)	**verkaufen** vendere (6)
streiken scioperare (5)	umschließen cingere (42)	verkleiden mascherare (5)
streiten litigare (14)	umziehen traslocare (14)	verkürzen abbreviare (53)
stützen sostenere (60)	unterbrechen inter-	verlangen pretendere (45)
suchen cercare (14)	rompere (50)	verlängern allungare (14)
sündigen peccare (14)	unterdrücken opprimere (27)	verlängern prolungare (14)
	sich unterhalten dis-	verlangsamen rallentare (5)
T	correre (+ a) (19)	verlegen smarrire (29)
tanzen ballare (5)	unterrichten insegnare (5)	verletzen ferire (29)
teilen dividere (45)	untersagen interdire (23)	verletzen ledere (22)
teilnehmen, beistehen	unterscheiden distinguere (42)	sich verlieben innamorarsi (3)
assistere (11)	unterschreiben firmare (5)	**verlieren** perdere (40)
teilnehmen partecipare (5)		vermehren aumentare (5)
telefonieren telefonare (5)	**V**	vermeiden evitare (5)
töten uccidere (22)	verändern variare (+ a/e) (53)	vermieten noleggiare (33)
tragen portare (5)	verbieten proibire (29)	vermischen mescolare (5)
träumen sognare (5)	verbinden collegare (14)	vermuten supporre (43)
treffen colpire (29)	verbinden connettere (25)	vernachlässigen
treffen incontrare (5)	verbrauchen consumare (5)	trascurare (5)
trennen distaccare (14)	verbreitern allargare (14)	verneinen negare (14)
trennen separare (5)	verbrennen ardere (+ a/e) (56)	veröffentlichen pubblicare (14)
trinken bere (12)	verbrennen bruciare (33)	verpflichten obbligare (14)
trocknen asciugare (14)	verbringen passare (+ a/e) (5)	verraten tradire (29)
trösten consolare (5)	verbringen trascorrere (19)	verringern diminuire (29)
	verdauen digerire (29)	verringern ridurre (62)
U	verdienen guadagnare (5)	verschieben rinviare (31)
überfallen invadere (22)	verdienen meritare (5)	verschlechtern peggio-
überfluten sommergere (56)	verdrehen torcere (42)	rare (+ a/e) (5)
überholen sorpassare (5)	vereinigen unire (29)	verschließen rinchiudere (22)
überleben sopravvivere	verfallen decadere (13)	verschreiben prescrivere (54)
(+ e) (69)	verfallen scadere (13)	verschwenden sprecare (14)
überqueren attraversare (5)	verfassen comporre (43)	verschwinden disparire (9)
überraschen sorprendere (45)	verfolgen perseguire (7)	verschwinden scomparire
übersetzen tradurre (29)	verfolgen perseguitare (5)	(+ a/e) (9)
übertragen trasmettere (34)	verführen sedurre (62)	

Alphabetische Verbliste

verschwinden sparire (+ e) ㉙	es wagen osare ⑤	wütend werden
versetzen trasferire ㉙	wählen eleggere ㉜	arrabbiarsi ㊽
versichern assicurare ⑤	wahrnehmen percepire ㉙	**Z**
versprechen promettere ㉞	wandern camminare ⑤	zahlen pagare ⑭
verstecken nascondere ㊾	wärmen scaldare ⑤	zählen contare ⑤
verstehen capire ㉙	warten aspettare ⑤	zeichnen disegnare ⑤
verstehen comprendere ㊺	sich waschen lavarsi ③	zeigen dimostrare ⑤
verstehen intendere ㊺	wechseln cambiare	zeigen mostrare ⑤
versuchen tentare ⑤	(+ a/e) ㊼	zeigen auf indicare ⑭
verteidigen difendere ㊺	wecken svegliare ㊼	sich zeigen affacciarsi ㉝
verteilen distribuire ㉙	weggehen partire (+ e) ⑦	**(zer)brechen** rompere ㊿
vertiefen approfondire ㉙	wegnehmen togliere ㊽	zerdrücken schiacciare ㉝
vertrauen fidarsi ③	weichen cedere ⑥	zerstören distruggere ㉜
verursachen causare ⑤	weinen piangere ㊷	ziehen tirare ⑤
verurteilen condannare ⑤	wenden volgere ㊷	**ziehen** trarre ㊵
vervielfachen moltiplicare ⑭	werden divenire ㊻	zittern tremare ⑤
verwechseln confondere ㉚	werden diventare (+ e) ⑤	zögern esitare ⑤
verwechseln scambiare ㊼	werfen lanciare ㉝	zufriedenstellen
verwenden impiegare ⑭	**wert sein** valere ㊻	soddisfare ㉘
verwirklichen realizzare ⑤	wetten scommettere ㉞	zulassen ammettere ㉞
verwöhnen viziare ㊼	widersprechen	zunehmen ingrassare ⑤
verzichten rinunciare ㉝	contraddire ㉓	zurechtkommen
verzweifeln disperare	Widerstand leisten	arrangiarsi ㉝
(+ e) ⑤	resistere ⑪	zurückgeben rendere ㊺
vollenden compiere ⑯	widmen dedicare ⑭	zurückgeben restituire ㉙
voraussehen prevedere ㊿	wiedervereinen riunire ㉙	zurückhalten trattenere ㊿
vorbereiten apparecchiare ㊼	wiedererkennen	zurückkehren tornare
vorbereiten preparare ⑤	riconoscere ⑱	(+ e) ⑤
vorhersagen predire ㉓	wiedergeben ridare ㉑	zurückkommen ritornare
vorschlagen proporre ㊸	wiederherstellen	(+ e) ⑤
vorstellen presentare ⑤	ristabilire ㉙	zusammendrücken
sich vorstellen	wiederholen ripetere ⑥	comprimere ㉗
immaginare ⑤	wiedersehen rivedere ㊲	zusammenfallen
vorstrecken sporgere (+ e) ㊷	wiederverlangen	coincidere ㉒
vortäuschen fingere ㊷	richiedere ⑮	zusammenkommen
vorverlegen anticipare ⑤	wiegen pesare ⑤	convenire (+ a/e) ㊽
vorzeigen esibire ㉙	**wissen, können** sapere ㊼	zustimmen acconsentire ⑦
vorziehen preferire ㉙	wohnen abitare ⑤	zuvorkommen prevenire
W	**wollen** volere ㊱	(+ a) ㊽
wachsen crescere (+ e) ⑱	wünschen desiderare ⑤	zweifeln dubitare ⑤
wagen ardire ㉙	wünschen augurare ⑤	zwingen costringere ㊾